小学语文学霸

古诗文知识

大集结

高晓春　主编

上海远东出版社

图书在版编目(CIP)数据

古诗文知识大集结/高晓春主编. —上海：上海远东出版
社,2023
(小学语文学霸)
ISBN 978-7-5476-1869-1

Ⅰ. ①古… Ⅱ. ①高… Ⅲ. ①古典诗歌-中国-小学-
教学参考资料②文言文-小学-教学参考资料
Ⅳ. ①G624.203

中国版本图书馆 CIP 数据核字(2022)第 219396 号

责任编辑 张喜梅
封面设计 李 廉

小学语文学霸

古诗文知识大集结

高晓春 主编

出　　版　上海远东出版社
　　　　　(201101　上海市闵行区号景路 159 弄 C 座)
发　　行　上海人民出版社发行中心
印　　刷　上海信老印刷厂
开　　本　787×1092　1/16
印　　张　12.75
字　　数　210,000
版　　次　2023 年 6 月第 1 版
印　　次　2023 年 6 月第 1 次印刷
ISBN 978-7-5476-1869-1/G·1154
定　　价　39.80 元

目 录

第一章　古诗文基础知识

一、古诗分类

（一）按音律分类

1. 古体诗

古体诗包括古诗（唐以前的诗歌）、楚辞、乐府诗。"歌""歌行""引""曲""吟"等古诗题材的诗歌也属古体诗。古体诗不讲对仗，押韵较自由。古体诗的发展轨迹：《诗经》→楚辞→汉赋→汉乐府→魏晋南北朝民歌→建安诗歌→陶诗等文人五言诗→唐代的古风、新乐府。

楚辞：即楚辞体，是战国时期楚国屈原所创的一种诗歌形式，其特点是运用楚地方言、声韵，具有浓厚的楚地色彩。东汉刘向编辑的《楚辞》以屈原作品为主，而屈原作品又以《离骚》为代表作，后人因此称"楚辞体"为"骚体"。

乐府诗：乐府是古代朝廷设立的管理音乐的机构，负责采集各地的民间诗歌和乐曲。后来乐府成为一种诗歌体裁。

2. 近体诗

与古体诗相对的近体诗又称今体诗，是唐代形成的一种格律体诗，分为两种：一种称"绝句"，每首四句，五言的简称五绝，七言的简称七绝；

另一种称"律诗"，一般每首八句，五言的简称五律，七言的简称七律，超过八句的称为排律（或长律）。近代诗的字数、句数、平仄、用韵等都有严格规定。

3. 词

词又称为诗余、长短句、曲子、曲子词、乐府等，其特点：调有定格，句有定数，字有定声。词根据字数不同可分为长调（91 字以上）、中调（59 至 90 字）、小令（58 字以内）。词有单调和双调之分，单调只有一段，双调就是分两大段，两段的平仄、字数是相等或大致相等的。词的一段叫一阕或一片，第一段叫前阕、上阕、上片，第二段叫后阕、下阕、下片。

4. 曲

曲又称为词余。元曲包括散曲和杂剧。散曲兴起于金，兴盛于元，体式与词相近。散曲特点：可以在字数定格外加衬字，较多使用口语。散曲包括有小令（叶儿）、套数（套曲）两种。小令名称源自唐代的酒令，以一支曲子为独立单位。套数是连贯成套的曲子，至少是两曲，多则几十曲。每一套数都以第一首曲的曲牌作为全套的曲牌名，全套必须为同一宫调。它无宾白科介，只供清唱。

（二）按内容分类

1. 怀古诗

怀古诗一般是怀念古代的人物或事件。咏史怀古诗往往将史实与现实扭结到一起，或感慨个人遭遇，或抨击社会现实。也有的咏史怀古诗只是对历史作冷静的理性思考与评价，或仅是客观的叙述，诗人自身的遭遇不在其中，诗人的感慨只是画外之音而已。如刘禹锡的《乌衣巷》，今昔对比感慨历史沧桑。

2. 咏物诗

咏物诗的特点:内容上以某物为描写对象,抓住其某些特征着意描摹;思想上往往是托物言志,由物到人,由实到虚,写出精神品格。咏物诗常用比喻、象征、拟人、对比等表现手法。

3. 山水田园诗

谢灵运开山水诗先河,陶渊明开田园诗先河,发展到唐代,有山水田园诗派,代表人物是王维、孟浩然。山水田园诗以描写自然风光、农村景物以及安逸恬淡的隐居生活见长,诗境隽永优美,风格恬静淡雅,语言清丽洗练。

4. 边塞诗

边塞诗主要以边塞、战争为题材,在先秦就有了。这类诗发展到唐代,进入兴盛时期。边塞诗以边塞军旅生活为主要内容,或描写奇异的塞外风光,或反映戍边的艰辛。其代表人物是高适、岑参、王昌龄。

5. 行旅诗和闺怨诗

古人或久宦在外,或长期流离漂泊,或久戍边关,总会引起浓浓的思乡怀人之情,所以这类诗文就特别多。这类诗或写羁旅之思,或写思念亲友,或写征人思乡,或写闺中怀人。写作上或触景伤情,或感时生情,或托物传情,或因梦寄情,或妙喻传情。

6. 送别诗

古代由于交通不便、通讯极不发达,亲人朋友之间往往一别数载难以相见,故古人特别看重离别。离别之际,人们往往设酒钱别,折柳相送,有时还要吟诗话别,因此离情别绪就成为古代文人诗词中的一个重要主题。因各人的情况不同,送别诗所写的具体内容及思想倾向往往有别。有的直接抒写离别之情,有的借诗一吐胸中积愤或表明心志,有的重在写离愁别恨,有的重在劝勉、鼓励、安慰,有的兼而有之。

二、诗歌中蕴含的意象及其含义

所谓意象,就是客观物象经过创作主体独特的情感活动而创造出来的一种艺术形象。"意象"一词是中国古代文论中的一个重要概念。古人以为意是内在的抽象的心意,象是外在的具体的物象;意源于内心并借助于象来表达,象其实是意的寄托物。中国传统诗论实际上大都讲的是寓情于景、以景托情、情景交融的艺术处理技巧。诗歌创作过程是一个观察、感受、酝酿、表达的过程,是对生活的再现过程。作者对外界的事物心有所感,便将之寄托给一个所选定的具象,使之融入作者自己的某种感情色彩,并制造出一个特定的艺术天地,使读者在阅读诗歌时能根据这个艺术天地在内心进行二次创作,在还原诗人所见所感的基础上渗透自己的感情色彩。

古代诗歌中常见的意象主要有以下几类。

(一)树木类

树的曲直:事业、人生的坎坷或顺利。

黄叶:凋零、成熟、美人迟暮、新陈代谢。

绿叶:生命力、希望、活力。

竹:气节、积极向上。

柳:送别、留恋、伤感、春天的美好。

折柳:古代惜别的风俗,后寓有惜别怀远之意。

杨柳:伤别情怀。

堤柳堆烟:能触发往事如烟,常被用来抒发兴亡之感。

红叶:代称传情之物,后来借指以诗传情。

松柏:坚挺、傲岸、坚强、生命力。

梧桐:凄凉、凄苦、悲伤的象征。

桑梓:故乡。

（二）花草类

花开：希望、青春、人生的灿烂。

花落：凋零，失意，人生、事业的挫折，惜春，对美好事物的留恋、追怀。

桃花：象征美人或青春容貌。

兰：高洁。

牡丹：富贵、美好。

草：生命力强、生生不息、希望、荒凉、偏僻、离恨、身份或地位的卑微。

红豆：即相思豆，借指男女爱情的信物，比喻男女爱情或朋友情谊。

菊：隐逸、高洁、脱俗。

梅：傲雪、坚强、不屈不挠、勇敢面对逆境。

莲：由于"莲"与"怜"音同，所以古诗中有不少写莲的诗句，借以表达爱情。

（三）动物类

猿猴：哀伤、凄厉。

鸿鹄：理想、追求。

鱼：自由、惬意。

鹰：刚劲、自由、人生的搏击、事业的成功。

狗、鸡：生活气息、田园生活。

马：奔腾、追求、漂泊。

乌鸦：小人、俗客、庸夫、哀伤。

沙鸥：飘零、伤感。

鸟：象征自由。

莼羹鲈脍：指家乡风味。后来文人以"莼羹鲈脍""莼鲈秋思"借指思乡之情。

双鲤：代指书信。汉乐府《饮马长城窟行》诗云："客从远方来，遗我双鲤鱼。呼儿烹鲤鱼，中有尺素书。"后来即以"双鲤"借代远方来信。

孤雁：常用来表达孤独之苦以及对亲人的思念。

鸳鸯：指恩爱的夫妇。

青鸟：信使。

（四）自然类

海：辽阔、力量、深邃、气势。

海浪：人生的起伏。

海浪的汹涌：人生的凶险、江湖的诡谲。

江水：时光的流逝、岁月的短暂、绵长的愁苦、历史的发展趋势。

小雨：春景、希望、生机活力、潜移默化式的教化。

暴雨：残酷、政治斗争、扫荡恶势力的力量、荡涤污秽的力量。

春风：旷达、欢愉、希望。

东风：春天、美好。

山林：代指诗人在政治理想破灭或者是怀才不遇、报国无门时，心生怨愤归隐山林。

西风：落寞、惆怅、衰败、游子思归。

雪：纯洁美好、环境的恶劣、恶势力的猖狂。

霜：人生易老、社会环境的恶劣、恶势力的猖狂、人生路途中的坎坷和挫折。

露：人生的短促、生命的易逝。

天阴：压抑、愁苦、寂寞。

天晴：欢愉、光明。

金风：秋风。

白衣苍狗：亦叫白云苍狗，比喻世事变幻无常。

破晓：初现希望。

深夜：愁思、怀旧。

朝阳：希望、朝气、活力。

夕阳:失落、消沉、珍惜美好而短暂的人生或事物。

月亮:人生的圆满、缺憾、思乡、思亲。

（五）物品类

玉:高洁、脱俗。

珍珠:高贵、美丽、无瑕等。

捣衣砧:妇女对丈夫的思念。

丝竹:音乐。

汗青:史册。

吴钩:泛指宝刀、利剑。

昆山玉:比喻杰出的人才。

船:开心、凄凉、飘逸等。

簪缨:官位、名望。

琴瑟:①比喻夫妇感情和谐,亦作"瑟琴"。②比喻兄弟朋友的情谊。

灯:①温暖、美好、团圆、希望、向上、亲切。②孤独、凄凉、愁苦、哀伤、凄婉、惨淡。

笛:①游子思乡,归心似箭。②征人思乡,嗟怨连连。

（六）地点类

南浦:水边的送别之所。

长亭:陆上的送别之所。

柳营:指军营。后也代称纪律严明的军营。

古迹:怀旧明志、昔盛今衰(国家)、衰败萧条(古迹一般和古人密切相联)。

乡村:思归、厌俗、田园风光、生活气息、淳朴、美好、安逸、宁静。

草原:辽阔、人生境界、人的胸襟。

（七）颜色类

白：纯洁、无瑕、凄凉。

红：热情、奔放、青春、喜事。

绿：希望、活力、和平。

蓝：高雅、忧郁。

黄：温暖、平和。

紫：高贵、神秘。

黑：黑暗、绝望、庄重、神秘、对死者的怀念、命运多舛。

三、重点文言词释义

A

安：怎么。例句：子安能为之足？——《画蛇添足》

B

罢：① 放弃，停止，取消。例句：乃罢其兵。——《螳螂捕蝉》

　　② 结束，停止。例句：市罢，遂不得履。——《郑人买履》

办：置办，操办。例句：可办粗饭几日。——《勉谕儿辈》

比：等到。例句：比期年，朝有黧黑之色。——《楚王好细腰》

兵：战争，战事，军事行动。例句：乃罢其兵。——《螳螂捕蝉》

C

操：持，拿着。例句：至之市而忘操之。——《郑人买履》

持：拿着，握着。例句：持盖自蔽。——《活见鬼》

尝：曾经。例句：尝应人请。——《顾荣施炙》

辞：辞谢，不接受。例句：晏子辞。——《晏子辞千金》

此：这。例句：此是君家果。——《杨氏之子》

D

怠：筋疲力尽。例句：有顷益怠。——《吾腰千钱》

旦：早晨。例句：如是者三旦。——《螳螂捕蝉》

度(duó):衡量。例句:先自度其足而置之其坐。——《郑人买履》

E

俄顷:一会儿,顷刻。例句:俄顷,复见一人。——《活见鬼》

而:① 却,但是。例句:黄雀延颈欲啄螳螂,而不知弹丸在其下也。——《螳螂捕蝉》

　　② 就。例句:因奋力挤之桥下而趋。——《活见鬼》

　　③ 表修饰,可翻译成"地"或不翻译。例句:踉跄而至。——《活见鬼》

F

反:同"返",返回。例句:及反,市罢。——《郑人买履》

方:正在。例句:其母方织。——《孟母戒子》

非:不是。例句:好夫似龙而非龙者也。——《叶公好龙》

非常:非同寻常,不一般。例句:魏王雅望非常。——《床头捉刀人》

弗:不。例句:虽与之俱学,弗若之矣。——《学弈》

复:又,再。例句:俄顷,复见一人。——《活见鬼》

G

鼓:弹奏。例句:伯牙鼓琴,志在高山。——《伯牙绝弦》

固:本来。例句:蛇固无足,子安能为之足?——《画蛇添足》

故:① 过去。例句:故所举荆州茂才王密为昌邑令。——《杨震暮夜却金》

　　② 所以,因此。例句:故灵王之臣皆以一饭为节。——《楚王好细腰》

　　③ 原因。例句:孔子东游,见两小儿辩斗,问其故。——《两小儿辩日》

顾:考虑。例句:而不顾其后之患也。——《螳螂捕蝉》

过:过失。例句:今人不知以其愚心而圣人之智,不亦过乎?——《师于老马与蚁》

H

好(hào):喜欢。例句:叶公子高好龙。——《叶公好龙》

何:① 为什么。例句:何不试之以足?——《郑人买履》

　　② 怎么。例句:何谓无知!——《杨震暮夜却金》

何如:怎么样。例句:以子之矛,陷子之盾,何如?——《矛与盾》

乎:表示疑问或反问,相当于"呢""吗"。例句:此不为远者小而近者大乎? ——《两小儿辩日》

忽:不重视,轻视。例句:凌忽长者,轻慢同列。 ——《颜氏家训》

患:① 祸患。例句:而不顾其后之患也。 ——《螳螂捕蝉》

　　② 担心。例句:桓公患之。 ——《韩非子·外储说左上》

诲:教导。例句:使弈秋诲二人弈。 ——《学弈》

惠:同"慧",智慧。例句:梁国杨氏子九岁,甚聪惠。 ——《杨氏之子》

货:财物。例句:身且死,何以货为? ——《吾腰千钱》

或:① 有的人。例句:或曰:"以子之矛,陷子之盾,何如?" ——《矛与盾》

　　② 或许。例句:或失则多,或失则寡,或失则易。 ——《学者有四失》

J

几(jī):几乎。例句:水大至,顺渠灌入,人几为鱼。 ——《刘羽冲偶得古兵书》

期(jī)年:一周年。例句:比期年,朝有黧黑之色。 ——《楚王好细腰》

及:① 等到。例句:及反,市罢。 ——《郑人买履》

　　② 至,到。例句:及墙而阻。 ——《崂山道士》

即:就。例句:今日不出,明日不出,即有死鹬。 ——《鹬蚌相争》

疾:怨恨。例句:人疾之如仇敌。 ——《颜氏家训》

亟:赶紧。例句:值炊糕者晨起,亟奔入其门。 ——《活见鬼》

济:渡,过河。例句:中济,船破,皆游。 ——《吾腰千钱》

将:① (jiāng)将要,将会。例句:一心以为有鸿鹄将至。 ——《学弈》

　　② (jiàng)率领。例句:自谓可将十万。 ——《刘羽冲偶得古兵书》

皆:都。例句:兽见之皆走。 ——《狐假虎威》

举:举荐。例句:故所举荆州茂才王密为昌邑令。 ——《杨震暮夜却金》

俱:一起。例句:虽与之俱学,弗若之矣。 ——《学弈》

遽:就。例句:遽契其舟,曰:"是吾剑之所从坠。" ——《刻舟求剑》

绝:① 断绝。例句:乃破琴绝弦,终身不复鼓。 ——《伯牙绝弦》

　　② 横渡。例句:乘小船绝湘水。 ——《吾腰千钱》

M

莫:无,没有。例句:吾盾之坚,物莫能陷也。 ——《矛与盾》

N

乃:① 于是。例句:乃罢其兵。——《螳螂捕蝉》

② 却。例句:已得履,乃曰:"吾忘持度。"——《郑人买履》

O

偶:正巧。例句:以足撩之,偶不相值。——《活见鬼》

P

曝(pù):晒。例句:蚌方出曝。——《鹬蚌相争》

Q

欺:欺骗。例句:母欺子,子而不信其母。——《曾子杀猪》

其:代词,可译为"他(它)""他(它)们"或"他(它)的""他(它)们的"。例句:孔君平诣其父(这里译为"他的")。——《杨氏之子》

迁:升迁。例句:(杨震)四迁荆州刺史、东莱太守。——《杨震暮夜却金》

且:将要。例句:身且死,何以货为?——《吾腰千钱》

挈:携,带着。例句:挈妻子而去之走。——《东施效颦》

顷:少时,片刻。例句:有顷益怠。——《吾腰千钱》

请:请求。例句:南郭处士请为王吹竽。——《滥竽充数》

求:寻找。例句:虎求百兽而食之。——《狐假虎威》

趋:跑,疾走。例句:因奋力挤之桥下而趋。——《活见鬼》

取:捕捉。例句:螳螂委身曲附,欲取蝉。——《螳螂捕蝉》

去:① 距离。例句:我以日始出时去人近。——《两小儿辩日》

② 离开。例句:因攫其金而去。——《齐人攫金》

R

然:① 这样。例句:曰:非然也。——《学弈》

② 但是。例句:然床头捉刀人,此乃英雄也。——《床头捉刀人》

③ ……的样子。例句:孟子辍然中止。——《孟母戒子》

如是:这样,如此。例句:如是者三旦。——《螳螂捕蝉》

汝:你。例句:孰为汝多知乎?——《两小儿辩日》

入:进入。例句:大喜,入谢。——《崂山道士》

若:像。例句:洋洋兮若江河! ——《伯牙绝弦》

S

色:神色。例句:觉行炙人有欲炙之色。——《顾荣施炙》

善:① 擅长。例句:永之氓咸善游。——《吾腰千钱》

　　② 好。例句:善哉,洋洋兮若江河! ——《伯牙绝弦》

甚:很。例句:梁国杨氏子九岁,甚聪惠。——《杨氏之子》

使:派遣。例句:天帝使我长百兽。——《狐假虎威》

示:给……看。例句:孔指以示儿曰:"此是君家果。"——《杨氏之子》

适:① 恰好,正好。例句:于是左右适有衣紫而进者。——《韩非子·外储说左上》

　　② 往,去,到。例句:适鬻金者之所。——《齐人攫金》

孰:谁。例句:孰为汝多知乎? ——《两小儿辩日》

遂:于是。例句:又摇其首,遂溺死。——《吾腰千钱》

T

特:仅,只,不过。例句:特与婴儿戏耳。——《曾子杀猪》

W

为:①(wéi)是。例句:此不为近者热而远者凉乎? ——《两小儿辩日》

　　②(wéi)做。例句:以桂为饵。——《太平御览》

　　③(wèi)被。例句:斯乃为金所累也。——《牧竖拾金》

惟:只。例句:惟弈秋之为听。——《学弈》

未:没有,不曾。例句:未闻孔雀是夫子家禽。——《杨氏之子》

谓:告诉。例句:谓其人曰:"今日病矣! 予助苗长矣!"——《揠苗助长》

遗(wèi):给予,赠送。例句:至夜怀金十斤以遗震。——《杨震暮夜却金》

闻:听说。例句:安阳韩性闻而异之。——《王冕》

无:不。例句:宁信度,无自信也。——《郑人买履》

吾:我。例句:吾忘持度。——《郑人买履》

X

兮:语气词,相当于"啊"。例句:洋洋兮若江河! ——《伯牙绝弦》

昔者:从前。例句:昔者楚灵王好士细腰。——《楚王好细腰》

咸:都。例句:永之氓咸善游。——《吾腰千钱》

胁息:敛气,屏息。例句:胁息然后带。——《楚王好细腰》

还(xuán):立即,迅速。例句:叶公见之,弃而还走。——《叶公好龙》

延:伸长。例句:黄雀延颈欲啄螳螂。——《螳螂捕蝉》

也:句末语气词,可不翻译。例句:曰:非然也。——《学弈》

谒:拜见。例句:谒见,至夜怀金十斤以遗震。——《杨震暮夜却金》

以:① 用。例句:何不试之以足?——《郑人买履》

　　② 认为。例句:我以日始出时去人近。——《两小儿辩日》

矣:语气词,可不翻译。例句:虽与之俱学,弗若之矣。——《学弈》

亦:也。例句:号呼有鬼,亦投其家。——《活见鬼》

诣:拜见。例句:孔君平诣其父。——《杨氏之子》

益:更加,越发。例句:有顷益怠。——《吾腰千钱》

易:容易,浅尝辄止。例句:人之学也,或失则多,或失则寡,或失则易,或失则止。——《活见鬼》

因:于是。例句:因奋力挤之桥下而趋。——《活见鬼》

引:拿来。例句:其母引刀裂其织。——《孟母戒子》

应(yìng):回答。例句:不应,摇其首。——《吾腰千钱》

牖(yǒu):窗户。例句:窥头于牖,施尾于堂。——《叶公好龙》

于:① 从。例句:窥头于牖,施尾于堂。——《叶公好龙》

　　② 在。例句:游于后园。——《螳螂捕蝉》

欲:想要。例句:吴王欲伐荆。——《螳螂捕蝉》

愈:更加。例句:愈益恐,因奋力挤之桥下而趋。——《活见鬼》

誉:称赞。例句:誉之曰:"吾盾之坚,物莫能陷也。"——《矛与盾》

鬻(yù):卖。例句:楚人有鬻盾与矛者。——《矛与盾》

援:引,拉。例句:思援弓缴而射之。——《学弈》

曰:说。例句:吴王曰:"善哉!"——《螳螂捕蝉》

Z

哉：语气词，可译为"啊"。例句：善哉，洋洋兮若江河！ ——《伯牙绝弦》

则：于是。例句：舍人有少孺子者欲谏不敢，则怀丸操弹，游于后园。 —— 《螳螂捕蝉》

者：① ……的时候。例句：此不为近者热而远者凉乎？ ——《两小儿辩日》

② 代词，指人或事。例句：两者不肯相舍。 ——《鹬蚌相争》

折（zhé）：弯曲。例句：蹄申膝折。 ——《骥遇伯乐》

之：① 助词，可译为"的"。例句：弈秋，通国之善弈者也。 ——《学弈》

② 代词，可译为"他""她"或"它"。例句：思援弓缴而射之（这里译为"它"）。 ——《学弈》

③ 虚词，无实义。例句：自是之后，孟子不复喧矣。 ——《孟母戒子》

值：遇到。例句：值大雨，持盖自蔽。 ——《活见鬼》

至：到。例句：至之市而忘操之。 ——《郑人买履》

缴（zhuó）：系在箭上便于收回的丝绳。例句：思援弓缴而射之。 ——《学弈》

走：跑，疾行。例句：叶公见之，弃而还走。 ——《叶公好龙》

左右：身边的侍从。例句：于是左右适有衣紫而进者。 ——《韩非子·外储说左上》

四、古诗文常识

（一）中国文坛上的第一

第一部诗歌总集——《诗经》

第一首长篇抒情诗——屈原的《离骚》

第一首长篇叙事诗——无名氏的《孔雀东南飞》

第一位伟大的爱国主义诗人——屈原

第一位著名女诗人——蔡文姬

第一位著名田园诗人——陶渊明

第一位著名女词人——李清照

（二）诗人并称

三曹：曹操、曹丕、曹植。

元白：中唐诗人元稹、白居易的并称，二人同为新乐府运动的倡导者。

苏辛：苏轼、辛弃疾。

刘白：刘禹锡、白居易。

高岑：高适、岑参。

王孟：王维、孟浩然。

三苏：苏洵、苏轼、苏辙。

初唐四杰：王勃、杨炯、卢照邻、骆宾王。

北宋文坛四大家：欧阳修、苏轼、黄庭坚、王安石。

苏门六君子：黄庭坚、秦观、晁补之、张耒、陈师道、李廌(zhì)。

唐宋八大家：韩愈、柳宗元、欧阳修、苏洵、曾巩、王安石、苏轼、苏辙。

元曲四大家：关汉卿、马致远、郑光祖、白朴。

建安七子：孔融、陈琳、王粲、徐干、阮瑀、应玚、刘桢。

汉赋四大家：司马相如、扬雄、班固、张衡。

济南二安：辛弃疾、李清照。

南宋四大家：陆游、杨万里、范成大、尤袤。

竹林七贤：嵇康、阮籍、山涛、向秀、阮咸、王戎、刘伶。

饮中八仙：指唐开元年间长安八位嗜酒文人。一仙是贺知章，二仙是皇帝李宪长子汝阳王李琎，三仙是唐太宗长子恒山王李承乾的孙子、清和县公李适之，四仙是崔宗之，五仙是苏晋，六仙是李白，七仙是张旭，八仙是焦遂。此称谓出自杜甫《饮中八仙歌》。这首诗描述了当时长安"饮中八仙"的醉后之态。

吴中四士：张若虚、贺知章、张旭、包融。

元嘉三大家：鲍照、谢灵运、颜延之。

宋四家：北宋时期四位书法家苏轼、黄庭坚、米芾、蔡襄的合称。

明朝前七子：李梦阳、何景明、徐祯卿、边贡、康海、王九思、王廷相。

明朝后七子：李攀龙、王世贞、谢榛、宗臣、梁有誉、徐中行、吴国伦。

南袁北纪:"南袁"指的是袁枚,号随园老人。"北纪"指的是纪昀,即纪晓岚。

扬州八怪:罗聘、李方膺、李鳝、金农、黄慎、郑燮(号板桥)、高翔、汪士慎。

(三) 作品并称

风骚:"风"指《诗经》里的《国风》,"骚"指屈原所作的《离骚》,后代用来泛称文学。

四书五经:"四书"指《论语》《孟子》《大学》和《中庸》,"五经"指《诗经》《尚书》《礼记》《周易》《春秋》。

乐府双璧:《木兰诗》《孔雀东南飞》。

三吏三别:"三吏"指《新安吏》《石壕吏》《潼关吏》,"三别"指《新婚别》《垂老别》《无家别》。

(四) 古代诗人、词人雅称

诗仙——唐·李白	诗圣——唐·杜甫
诗豪——唐·刘禹锡	诗佛——唐·王维
诗鬼——唐·李贺	诗魂——唐·李商隐
诗僧——唐·齐己	诗魔——唐·白居易
诗骨——唐·陈子昂	诗囚——唐·孟郊
大李杜——唐·李白、杜甫	小李杜——唐·李商隐、杜牧
五言长城——唐·刘长卿	五言宗师——唐·王维
七绝圣手——唐·王昌龄	青莲居士——唐·李白
少陵野老——唐·杜甫	香山居士——唐·白居易
幽忧子——唐·卢照邻	江东生——唐·罗隐
天随子——唐·陆龟蒙	烟波钓徒——唐·张志和
四明狂客——唐·贺知章	九华山人——唐·杜荀鹤
白石道人——宋·姜夔	倚松老人——宋·陆游

明道先生——宋·程颢　　　　东坡居士——宋·苏轼

红杏尚书——宋·宋祁　　　　六一居士——宋·欧阳修

姑溪居士——宋·李之仪　　　淮海居士——宋·秦观

幽栖居士——宋·朱淑真　　　易安居士——宋·李清照

石湖居士——宋·范成大　　　半山老人——宋·王安石

齐东野人——元·张养浩　　　煮石山农——元·王冕

随园老人——清·袁枚　　　　渔洋山人——清·王士禛

（五）部分文学诗词流派及其代表人物

边塞诗派：唐代诗人高适、岑参、王昌龄、王翰、李颀等。

山水田园诗派：东晋诗人陶渊明，唐代诗人王维、孟浩然等。

豪放派：宋代词人苏轼、辛弃疾、陆游、岳飞等。

婉约派：宋代词人柳永、秦观、李清照、欧阳修、晏殊、张先、贺铸、周邦彦等。

桐城派：清代文人方苞、刘大櫆、姚鼐、戴名世等。

第二章 古诗文积累

一、小学生必背古诗词

1 江 南

（汉）汉乐府

江南可采莲，

莲叶何田田。

鱼戏莲叶间。

鱼戏莲叶东，

鱼戏莲叶西，

鱼戏莲叶南，

鱼戏莲叶北。

注 释

可：在诗中有"适宜""正好"的意思。

田田：荷叶茂盛的样子。

译 文

江南又到了适宜采莲的季节，莲叶重重叠叠，多么茂盛。在茂密如盖的荷叶下面，欢快的鱼儿在不停地嬉戏玩耍。

　　鱼儿一会在莲叶的东边嬉戏，一会在莲叶的西边嬉戏，一会在莲叶的南边嬉戏，一会在莲叶的北边嬉戏。

2　画

（唐）王维

远看山有色，近听水无声。
春去花还在，人来鸟不惊。

注　释

色：颜色，也有景色之意。
惊：吃惊，害怕。

译　文

在远处可以看见山有青翠的颜色，在近处却听不到流水的声音。
春天过去了，但花儿还是常开不败，人走近了，枝头上的鸟儿却并不感到害怕。

3　古朗月行（节选）

（唐）李白

小时不识月，呼作白玉盘。
又疑瑶台镜，飞在青云端。

注　释

呼作：称为。

白玉盘:指晶莹剔透的白盘子。

疑:怀疑。

瑶台:传说中神仙居住的地方。

译文

小时候不认识月亮,把它称为白玉盘。

又怀疑是瑶台仙镜,飞在夜空青云之上。

 4 风

(唐)李峤

解落三秋叶,能开二月花。

过江千尺浪,入竹万竿斜。

注释

解落:吹落,散落。解,解开,这里指吹。

三秋:秋季。一说指农历九月。

能:能够。

二月:农历二月,指春季。

过:经过。

斜:倾斜。

译文

风能吹落秋天金黄的树叶,能吹开春天美丽的鲜花。

刮过江面能掀起千尺巨浪,吹进竹林能使万竿倾斜。

春　晓

（唐）孟浩然

春眠不觉晓，处处闻啼鸟。
夜来风雨声，花落知多少。

注 释

春晓：春天的早晨。晓，天刚亮的时候。

不觉晓：不知不觉天就亮了。

啼鸟：鸟的啼叫声。

知多少：不知有多少。

译 文

春日里贪睡不知不觉天就亮了，到处是鸟儿清脆的叫声。
昨夜风声雨声不断，那芳香的春花不知被吹落了多少。

赠汪伦

（唐）李白

李白乘舟将欲行，忽闻岸上踏歌声。
桃花潭水深千尺，不及汪伦送我情。

注 释

汪伦：李白的朋友。

踏歌：唐代民间流行的一种歌舞形式，一边唱歌，一边用脚踏地打拍子。

桃花潭：在今安徽泾县西南。《一统志》谓其深不可测。

深千尺：诗人用潭水之深来衬托说明汪伦与他的友情，这里运用了夸张的手法。

不及：不如。

译 文

李白乘舟将要离开去远行,忽听岸上传来踏歌之声。
即使桃花潭水深至千尺,也比不上汪伦送我之情。

 **7 静夜思**

(唐)李白

床前明月光,疑是地上霜。
举头望明月,低头思故乡。

注 释

静夜思:静静的夜里产生的思绪。
疑:好像。
举头:抬头。

译 文

明亮的月光洒在床前,好像地上铺了一层霜。
抬头仰望夜空中的一轮明月,低头思念远方的家乡。

 8 寻隐者不遇

(唐)贾岛

松下问童子,言师采药去。
只在此山中,云深不知处。

注 释

寻:寻访。

隐者:隐士,隐居在山林中的人。

不遇:没有遇到,没有见到。

童子:没有成年的人,小孩。诗中指"隐者"的弟子。

言:回答,说。

处:行踪,所在。

译 文

苍松下,我询问年少的童子。他说,老师已经去山中采药了。

他还对我说,老师就在这座大山里,可是山中云雾缭绕,不知老师行踪。

9　池　上

（唐）白居易

小娃撑小艇,偷采白莲回。

不解藏踪迹,浮萍一道开。

注 释

解:知道,明白。

踪迹:指被小艇划开的浮萍。

浮萍:水生植物,椭圆形叶子浮在水面,叶下面有须根,夏季开白花。

译 文

小孩撑着小船,偷偷地从池塘里采了白莲回来。

他不懂得掩藏自己的行踪,水面上的浮萍留下了一条船儿划过的痕迹。

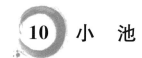 小　池

（宋）杨万里

泉眼无声惜细流，树阴照水爱晴柔。

小荷才露尖尖角，早有蜻蜓立上头。

注 释

泉眼：泉水的出口。

惜：珍惜、爱惜。

照水：映在水里。

晴柔：晴天里柔和的风光。

尖尖角：初出水面还没有舒展的荷叶尖端。

上头：上面，顶端。为了押韵，"头"不读轻声。

译 文

泉眼悄然无声是因舍不得细细的水流，树阴倒映水面是喜爱这晴天里柔和的风光。

娇嫩的小荷叶刚从水面露出尖尖的角，早有一只调皮的小蜻蜓立在它的上头。

 画　鸡

（明）唐寅

头上红冠不用裁，满身雪白走将来。

平生不敢轻言语，一叫千门万户开。

注 释

裁：裁剪，这里是制作的意思。

将：助词，用在动词和来、去等表示趋向的补语之间。

平生：平素，平常。

轻：随便，轻易。

言语：这里指啼鸣，喻指说话、发表意见。

一：一旦。

千门万户：指众多的人家。

译文

它头上的红色冠子不用裁剪是天生的，它身披雪白的羽毛雄赳赳地走来。

一生之中它从来不敢轻易啼鸣，一旦叫的时候，千家万户的门都打开了。

12 梅 花

（宋）王安石

墙角数枝梅，凌寒独自开。

遥知不是雪，为有暗香来。

注 释

凌寒：冒着严寒。

遥：远远地。

知：知道。

为(wèi)：因为。

暗香：指梅花的幽香。

译 文

墙角有几枝梅花，正冒着严寒独自盛开。

为什么远望就知道洁白的梅花不是雪呢？因为梅花隐隐传来阵阵的香气。

13 小儿垂钓

（唐）胡令能

蓬头稚子学垂纶，侧坐莓苔草映身。
路人借问遥招手，怕得鱼惊不应人。

注 释

蓬头：头发乱蓬蓬的。形容小孩可爱。

稚子：年龄小的、懵懂的孩子。

垂纶：钓鱼。纶，钓鱼用的丝线。

莓：一种野草。

苔：苔藓植物。

映：掩映。

借问：向人打听。

鱼惊：鱼儿受到惊吓。

应：回应，答应，理睬。

译 文

　　一个头发蓬乱、面孔稚嫩的小孩在河边学钓鱼。小孩子侧身坐在青苔上，绿草掩映着他的身影。

　　听到有过路的人问路，连忙远远地摆了摆手，不敢回应路人，生怕惊动了鱼儿。

14 登鹳雀楼

（唐）王之涣

白日依山尽，黄河入海流。
欲穷千里目，更上一层楼。

注 释

鹳(guàn)雀楼:旧址在山西永济市,楼高三层,前对中条山,下临黄河。传说常有鹳雀在此停留,故有此名。

白日:太阳。

依:依傍。

尽:消失。

欲:想要得到某种东西或达到某种目的的愿望,但也有希望、想要的意思。

穷:尽,使达到极点。

千里目:眼界宽阔。

更:再。

译 文

夕阳依傍着山峦慢慢落下,滔滔黄河朝着大海汹涌奔流。
想要看到千里之外的风光,那就要再登上更高的一层楼。

15 望庐山瀑布

(唐)李白

日照香炉生紫烟,遥看瀑布挂前川。

飞流直下三千尺,疑是银河落九天。

注 释

香炉:指香炉峰。

紫烟:指日光透过云雾,远望如紫色的烟云。

遥看:从远处看。

挂:悬挂。

前川:一作"长川"。

川:河流,这里指瀑布。

直：笔直。

三千尺：形容山高。这里是夸张的说法，不是实指。

疑：怀疑。

银河：指银河系带状星群。

译文

香炉峰在阳光的照射下生起紫色烟霞，远远望去瀑布似白色绢绸悬挂在山前。

高崖上飞腾直落的瀑布好像有三千尺，让人恍惚以为是银河从天上泻落到人间。

16 江 雪

（唐）柳宗元

千山鸟飞绝，万径人踪灭。

孤舟蓑笠翁，独钓寒江雪。

注释

绝：无，没有。

万径：虚指，指千万条路。

人踪：人的脚印。

孤：孤零零。

蓑笠（suō lì）：蓑衣和斗笠。笠，用竹篾编成的帽子。

独：独自。

译文

所有的山上，飞鸟的身影已经绝迹，所有道路都不见人的踪迹。

江面孤舟上，一位披着蓑衣戴着斗笠的老翁，独自在飘雪的寒冷江面上垂钓。

 **夜宿山寺**

（唐）李白

危楼高百尺，手可摘星辰。

不敢高声语，恐惊天上人。

注释

宿：住，过夜。

危楼：高楼，这里指山顶的寺庙。危，高。

百尺：虚指，不是实数，这里形容楼很高。

星辰：天上星星的统称。

语：说话。

恐：唯恐，害怕。

惊：惊动。

译文

山上寺院的高楼真高啊，好像有一百尺的样子，人在楼上好像一伸手就可以摘下天上的星星。

站在这里都不敢大声说话，唯恐惊动天上的神仙。

 **敕勒歌**

北朝民歌

敕勒川，阴山下。

天似穹庐，笼盖四野。

天苍苍，野茫茫，

风吹草低见牛羊。

注 释

敕勒川：泛指当时敕勒人游牧的草原，在现在的山西、内蒙古一带。北魏时期把今河套平原至土默川一带称为敕勒川。川，平川、平原。

阴山：山名，在今内蒙古自治区北部。

穹庐(qióng lú)：用毡布搭成的帐篷，即蒙古包。

四野：草原的四面八方。

天苍苍：天蓝蓝的。苍苍，青色。

茫茫：辽阔无边的样子。

见(xiàn)：同"现"，显现。

译 文

辽阔的敕勒草原，就在阴山脚下。

天空如毡制的圆顶大帐篷，笼罩着草原的四面八方。

天空是青苍蔚蓝的颜色，草原无边无际，一片茫茫。

风儿吹过，牧草低伏，显露出原来隐没于草丛中的众多牛羊。

 **村 居**

（清）高鼎

草长莺飞二月天，拂堤杨柳醉春烟。

儿童散学归来早，忙趁东风放纸鸢。

注 释

村居：在乡村里居住时见到的景象。

拂堤杨柳：长长的杨柳枝条垂下来，随风微微摆动，像是在抚摸堤岸。

醉：迷醉，陶醉。

春烟：春天水泽、草木等蒸发出来的雾气。

散学：放学。

纸鸢：一种纸做的形状像老鹰的风筝，泛指风筝。鸢，老鹰。

译　文

农历二月，青草渐渐发芽生长，黄莺飞来飞去，轻拂堤岸的杨柳陶醉在春天的雾气中。

村里早早放学回家的孩子们，赶紧趁着东风把风筝放上蓝天。

20　咏　柳

（唐）贺知章

碧玉妆成一树高，万条垂下绿丝绦。

不知细叶谁裁出，二月春风似剪刀。

注　释

碧玉：碧绿色的玉。这里用来比喻春天嫩绿的柳叶。

妆：装饰，打扮。

一树：满树。一，满、全。在中国古典诗词和文章中，数量词在使用中并不一定表示确切的数量。下一句的"万"，就是表示很多的意思。

绦（tāo）：用丝编成的绳带。这里指像丝带一样的柳条。

裁：裁剪。

似：如同，好像。

译　文

高高的柳树长满了翠绿的新叶，轻垂的柳条像千万条轻轻飘动的绿色丝带。

不知道这细细的柳叶是谁的巧手裁剪出来的。啊，原来是二月的春风如同神奇的剪刀。

21 赋得古原草送别（节选）

（唐）白居易

离离原上草，一岁一枯荣。

野火烧不尽，春风吹又生。

注 释

赋得：借古人诗句或成语命题作诗，诗题前一般都冠以"赋得"二字。这是古人学习作诗、文人聚会分题作诗或科举考试时命题作诗的一种方式，称为"赋得体"。

离离：青草茂盛的样子。

一岁一枯荣：野草每年都会茂盛一次，枯萎一次。枯，枯萎。荣，茂盛。

译 文

原野上长满茂盛的青草，每年秋冬枯黄春来草色渐浓。

野火无法烧尽满地的野草，春风吹来大地又是一片青青草原。

22 晓出净慈寺送林子方

（宋）杨万里

毕竟西湖六月中，风光不与四时同。

接天莲叶无穷碧，映日荷花别样红。

注 释

净慈寺：全名"净慈报恩光孝禅寺"，与灵隐寺一起为杭州西湖南北山两大著名佛寺。

林子方：作者的朋友，官居直阁秘书。

毕竟：到底。

六月中：六月的时候。

四时：春、夏、秋、冬四个季节。在这里指六月以外的其他时节。

接天：像与天空相接。

无穷碧：因莲叶面积很广，似与天相接，故呈现无穷的碧绿。无穷，无边无际。

映日：太阳映照。

别样红：红得特别出色。

译 文

六月里西湖的风光景色到底和其他时节的不一样。

那密密层层的荷叶铺展开去，与蓝天相连接，一片无边无际的青翠碧绿；那亭亭玉立的荷花绽蕾盛开，在阳光辉映下，显得格外红。

 绝 句

（唐）杜甫

两个黄鹂鸣翠柳，一行白鹭上青天。

窗含西岭千秋雪，门泊东吴万里船。

注 释

西岭：西岭雪山。

千秋雪：指西岭雪山上千年不化的积雪。

泊：停泊。

东吴：古时候吴国的领地，在今江苏省一带。

万里船：不远万里开来的船只。万里，表示很远。

译 文

两只黄鹂在翠绿的柳树间鸣叫，一行白鹭直冲向蔚蓝的天空。

坐在窗前可以看见西岭千年不化的积雪，门前停泊着从很远的东吴来的船只。

悯农（其一）

（唐）李绅

春种一粒粟，秋收万颗子。

四海无闲田，农夫犹饿死。

注 释

悯：怜悯。这里有同情的意思。

粟：泛指谷类。

秋收：一作"秋成"。

子：指粮食颗粒。

四海：指全国。

闲田：没有耕种的田。

犹：仍然。

译 文

春天播种下一粒种子，到了秋天就可以收获很多的粮食。

天下没有一块不被耕作的田地，可仍然有种田的农夫饿死。

 舟夜书所见

（清）查慎行

月黑见渔灯，孤光一点萤。

微微风簇浪，散作满河星。

注 释

孤光：孤零零的灯光。

簇：涌起。

译 文

　　漆黑的夜晚不见月亮,只见那渔船上的灯光,在茫茫的夜色中,像萤火虫一样发出一点微光。

　　微风阵阵,河水泛起层层波浪,渔灯的微光在水面上散开,好像无数星星洒落在河面上。

 所 见

（清）袁枚

牧童骑黄牛,歌声振林樾。

意欲捕鸣蝉,忽然闭口立。

注 释

　　牧童:指放牛的孩子。

　　振:振荡,回荡。说明牧童的歌声嘹亮。

　　林樾(yuè):指道旁成荫的树。

　　欲:想要。

　　捕:捉。

　　鸣:叫。

　　立:站立。

译 文

　　牧童骑在黄牛背上,嘹亮的歌声在树林里回荡。

　　牧童想要捕捉树上鸣叫的知了,于是马上停止唱歌,静悄悄地站立在树旁。

27 山 行

（唐）杜牧

远上寒山石径斜，白云生处有人家。

停车坐爱枫林晚，霜叶红于二月花。

注 释

寒山：深秋时节的山。

径：小路。

生：产生，生出。

坐：因为。

红于：比……还要红。

译 文

一条弯弯曲曲的小路蜿蜒伸向山顶，在白云飘浮的地方有几户人家。

停下车是因为喜爱深秋枫林的晚景，那火红的枫叶比江南二月的花还要红。

28 赠刘景文

（宋）苏轼

荷尽已无擎雨盖，菊残犹有傲霜枝。

一年好景君须记，最是橙黄橘绿时。

注 释

擎：举，向上托。

雨盖：雨伞，诗中比喻荷叶舒展的样子。

菊残：菊花凋谢。

犹：仍然。

君：对对方的尊称，相当于"您"。

最是：一作"正是"。

橙黄橘绿时：橙子发黄、橘子将黄犹绿的时候，指农历秋末冬初。

译 文

荷花凋谢，连那擎雨的荷叶也枯萎了，只有那开败了的菊花的花枝还傲寒斗霜。

一年中最好的光景你一定要记住，那就是橙子金黄、橘子青绿的秋末冬初的时节。

29　夜书所见

（宋）叶绍翁

萧萧梧叶送寒声，江上秋风动客情。

知有儿童挑促织，夜深篱落一灯明。

注 释

萧萧：风声。

客情：旅客思乡之情。

挑：用细长的物体逗引。

促织：俗称蟋蟀，也叫蛐蛐。

篱落：篱笆。

译 文

瑟瑟的秋风吹动梧桐树叶，送来阵阵寒意，江上秋风吹来不禁思念起自己的家乡。

忽然看到远处篱笆下的一点灯火，料想是孩子们在捉蟋蟀。

30 望天门山

（唐）李白

天门中断楚江开，碧水东流至此回。

两岸青山相对出，孤帆一片日边来。

注 释

天门山：今安徽东梁山与西梁山的合称。两山隔江相对，像天然的门户，所以叫天门山。

楚江：即长江。长江中下游部分河段在古代流经楚地，所以叫楚江。

开：劈开，断开。

译 文

长江犹如巨斧劈开天门雄峰，碧绿的江水滚滚东流到这里，又回旋向北流去。两岸青山互相对峙美景难分高下，一只小船从水天相接处慢悠悠地驶来。

31 饮湖上初晴后雨

（宋）苏轼

水光潋滟晴方好，山色空蒙雨亦奇。

欲把西湖比西子，淡妆浓抹总相宜。

注 释

湖：即杭州西湖。

潋滟（liàn yàn）：波光闪动的样子。

方：正。

空蒙:迷茫缥缈的样子。

亦:也。

西子:即西施,春秋时代越国的美女。

译 文

在晴日阳光照耀下,西湖水波荡漾,光彩熠熠,美极了;下雨时,山中云雾朦胧,缥缥缈缈,又显出别一番奇妙景致。

如果把美丽的西湖比作美人西施,那么淡妆浓抹都显得十分适宜。

 望洞庭

(唐)刘禹锡

湖光秋月两相和,潭面无风镜未磨。

遥望洞庭山水翠,白银盘里一青螺。

注 释

洞庭:即洞庭湖,位于今湖南省北部。

和:和谐。指水色与月光互相辉映。

潭面:指湖面。

山水翠:一作"山水色"。

青螺:青绿色的螺。这里用来形容洞庭湖中的君山。

译 文

洞庭湖水色与月光互相辉映,湖面风平浪静,犹如未磨的铜镜。

远远眺望洞庭湖山水苍翠,好似白银盘里托着一枚青螺。

33 早发白帝城

（唐）李白

朝辞白帝彩云间，千里江陵一日还。

两岸猿声啼不住，轻舟已过万重山。

注 释

发：启程。

白帝城：故址在今重庆市奉节县白帝山上。

朝：早晨。

辞：告别。

彩云间：因白帝城在白帝山上，地势高耸，从山下江中仰望，仿佛耸入云间。

江陵：今湖北荆州市。从白帝城到江陵约一千二百里，其间包括七百里三峡。

还：归，返回。

猿：猿猴。

啼：叫。

住：停息。

万重山：层层叠叠的山，形容有许多。

译 文

清晨告别五彩云霞映照中的白帝城，千里之遥的江陵，一天就可以返回。

两岸猿声还在耳边不停地回荡，轻快的小舟已驶过万重青山。

34 采莲曲

（唐）王昌龄

荷叶罗裙一色裁，芙蓉向脸两边开。

乱入池中看不见，闻歌始觉有人来。

注 释

罗裙：用细软而有疏孔的丝织品制成的裙子。

一色裁：像是用同一颜色的衣料裁剪的。

芙蓉：指荷花。

乱入：杂入、混入。

看不见：指分不清哪是芙蓉的绿叶红花，哪是少女的绿裙红颜。

闻歌：听到歌声。

始觉：才知道。

译 文

采莲少女的绿罗裙融入到田田荷叶中，仿佛一色，少女的脸庞掩映在盛开的荷花间，相互映照。

混入莲池中不见了踪影，听到歌声四起才觉察到有人前来。

 绝　句

（唐）杜甫

迟日江山丽，春风花草香。

泥融飞燕子，沙暖睡鸳鸯。

注 释

迟日：春日。

泥融：这里指泥土变湿软。

鸳鸯：一种水鸟，雄鸟与雌鸟常常双双出没。

译 文

沐浴在春光下的江山显得格外秀丽，春风里到处弥漫着花草的香味。

燕子衔着湿泥飞来飞去忙着筑巢，暖和的沙子上成双成对的鸳鸯静睡不动。

36 惠崇春江晚景

（宋）苏轼

竹外桃花三两枝，春江水暖鸭先知。

蒌蒿满地芦芽短，正是河豚欲上时。

注 释

惠崇：北宋名僧，能诗善画。这首诗是苏轼为惠崇的画作《春江晚景》所写的题画诗。

芦芽：芦苇的嫩芽。

蒌蒿：草名，有青蒿、白蒿等品种。

译 文

竹林外两三枝桃花初放，水中嬉戏的鸭子最先察觉到初春江水的回暖。

河滩上长满了蒌蒿，芦苇也长出短短的新芽，而河豚此时正要逆流而上，从大海回游到江河里来了。

 **37 三衢道中**

（宋）曾几

梅子黄时日日晴，小溪泛尽却山行。

绿阴不减来时路，添得黄鹂四五声。

注 释

三衢：地名，在今浙江衢州一带。

梅子黄时：指梅子成熟的季节。

小溪泛尽：乘小船到小溪的尽头。

却：再，又。

阴：树荫。

译文

梅子成熟的时候，天天都是晴朗的好天气。乘小船走到小溪的尽头，再走山间小路。

山路上古树苍翠，与来的时候一样浓密。树林中传来几声黄鹂的欢鸣声，比来时更增添了些幽趣。

 忆江南

（唐）白居易

江南好，风景旧曾谙。

日出江花红胜火，春来江水绿如蓝。

能不忆江南？

注释

忆江南：唐教坊曲名。这里所指的江南主要是长江下游江浙一带。

谙(ān)：熟悉。作者年轻时曾三次到江南。

江花：江边的花朵。一说指江中的浪花。

红胜火：颜色鲜红胜过火焰。

绿如蓝：比蓝草还要绿。如，用法类似"于"，有胜过的意思。蓝，蓝草，其叶可制青绿染料。

译文

江南好，我对江南的美丽风景曾经是多么熟悉。

春天的时候，晨光映照的岸边红花，比熊熊的火焰还要红，碧绿的江水绿得胜过蓝草。

怎能叫人不怀念江南？

39 元 日

（宋）王安石

爆竹声中一岁除，春风送暖入屠苏。

千门万户曈曈日，总把新桃换旧符。

注释

元日：指农历正月初一。

屠苏：这里指一种酒。根据古代风俗，常在元日饮用这种酒。

曈曈：形容太阳出来后天色渐亮的样子。

新桃换旧符：用新桃符换下旧桃符。桃符是古代新年时悬挂于大门上的辟邪门饰，春联的前身。

译文

爆竹声中旧的一年已经过去，迎着和暖的春风开怀畅饮屠苏酒。

初升的太阳照耀着千家万户，人们都把旧的桃符取下换上新的桃符。

40 清 明

（唐）杜牧

清明时节雨纷纷，路上行人欲断魂。

借问酒家何处有？牧童遥指杏花村。

注释

清明：我国传统节日之一，有扫墓、踏青等习俗。

纷纷：形容多而杂。

断魂：指心里忧郁愁苦，就像失魂落魄一样。

借问:请问,询问。

遥指:指向远处。

译文

清明时节,雨下个不停,路上来来往往的行人,神色凄迷。

向路旁的牧童打听哪里有卖酒的地方,牧童指向远处的杏花村。

 41 九月九日忆山东兄弟

(唐)王维

独在异乡为异客,每逢佳节倍思亲。

遥知兄弟登高处,遍插茱萸少一人。

注释

九月九日:指农历九月初九重阳节。

山东:此处指华山以东。

登高:重阳节有登高的习俗。

茱萸(zhū yú):一种香气浓郁的植物,古人在重阳节有插戴茱萸的习俗。

译文

一个人独自在他乡作客,每逢节日加倍思念远方的亲人。

遥想兄弟们今日登高望远时,大家头上都插满茱萸,只少了我一人。

42 滁州西涧

（唐）韦应物

独怜幽草涧边生，上有黄鹂深树鸣。

春潮带雨晚来急，野渡无人舟自横。

注 释

滁州：地名，在今安徽滁州以西。

西涧：在滁州城西，俗称上马河。

独怜：最爱，只爱。

深树：枝叶茂密的树。

春潮：春天的潮水。

横：指随意漂浮。

译 文

最是喜爱涧边幽谷里生长的野草，还有那树丛深处婉转啼鸣的黄鹂。

傍晚时分，春潮上涨，春雨淅沥，西涧水势顿见湍急，荒野渡口无人，只有一只小船悠闲地横在水面。

43 大林寺桃花

（唐）白居易

人间四月芳菲尽，山寺桃花始盛开。

长恨春归无觅处，不知转入此中来。

注 释

大林寺：在庐山大林峰，相传为晋代僧人昙诜所建，为中国佛教圣地之一。

人间:指庐山下的平地村落。

芳菲:盛开的花,亦可泛指花草繁盛的阳春景色。

尽:指花凋谢了。

山寺:指大林寺。

始:才,刚刚。

长恨:常常惋惜。

春归:春天回去了。

觅:寻找。

不知:岂料,想不到。

此中:这深山的寺庙里。

译 文

四月正是平地上百花凋零殆尽的时候,高山古寺中的桃花才刚刚盛放。
我常为春光逝去无处寻觅而惋惜,却不知它已经转到这里来了。

44 鹿 柴

(唐)王维

空山不见人,但闻人语响。

返景入深林,复照青苔上。

注 释

鹿柴(zhài):王维辋川别业(在今陕西省蓝田县西南)胜景之一。柴,通"寨""砦",用树木围成的栅栏。

但:只。

返景(yǐng):同"返影",太阳将落时通过云彩反射的阳光。

复:又。

译文

幽静的山谷里看不见人，只听到人说话的声音。
落日的影晕映入了深林，又照在幽暗处的青苔上。

45 暮江吟

（唐）白居易

一道残阳铺水中，半江瑟瑟半江红。

可怜九月初三夜，露似真珠月似弓。

注 释

吟：古代诗歌体裁的一种。
瑟瑟：形容未受到残阳照射的江水所呈现的青绿色。
可怜：可爱。
真珠：这里指珍珠。

译 文

夕阳的霞光柔和地铺在江水上，江水一半碧绿，一半艳红。
最可爱的是那九月初三之夜，露珠似颗颗珍珠，朗朗新月形如弯弓。

46 题西林壁

（宋）苏轼

横看成岭侧成峰，远近高低各不同。

不识庐山真面目，只缘身在此山中。

注 释

题:书写,题写。

西林:西林寺,在江西省庐山脚下。

缘:因为。

译 文

从正面看庐山山岭连绵起伏,从侧面看庐山山峰耸立,从远处、近处、高处、低处看庐山,庐山呈现各种不同的样子。

之所以辨不清庐山真正的面目,是因为我身处在庐山之中。

 雪 梅

(宋)卢钺

梅雪争春未肯降,骚人阁笔费评章。

梅须逊雪三分白,雪却输梅一段香。

注 释

降(xiáng):服输。

骚人:诗人。

阁(gē):同"搁",放下。

评章:评议。这里指评议梅与雪的高下。

逊:不及,比不上。

译 文

梅花和雪花都认为各自占尽了春色,谁也不肯服输。文人骚客难以评论高下,

只得停笔好好思量。

说句公道话,梅花须逊让雪花三分晶莹洁白,雪花却输给梅花一段清香。

48 嫦娥

(唐)李商隐

云母屏风烛影深,长河渐落晓星沉。

嫦娥应悔偷灵药,碧海青天夜夜心。

注释

云母屏风:以云母石制作的屏风。云母,一种矿物,板状,晶体透明有光泽,古代常用来装饰窗户、屏风等。

深:暗淡。

长河:银河。

晓星:晨星。

灵药:指长生不死药。

碧海:形容蓝天苍碧如同大海。

夜夜心:指嫦娥每晚都会感到孤单。

译文

云母屏风染上一层浓浓的烛影,银河逐渐斜落晨星也已渐渐消失。

嫦娥想必悔恨当初偷吃了灵药,如今独处碧海青天夜夜孤寂。

49 出塞

(唐)王昌龄

秦时明月汉时关,万里长征人未还。

但使龙城飞将在,不教胡马度阴山。

注 释

但使：只要。

龙城飞将：汉朝名将李广。这里泛指英勇善战的将领。

教：令，使。

胡马：指侵扰中原的北方游牧民族骑兵。

译 文

依旧是秦汉时期的明月和边关，守边御敌鏖战万里征夫未回还。

倘若龙城的飞将李广如今还在，一定不会让敌人的铁蹄踏过阴山。

 凉州词

（唐）王翰

葡萄美酒夜光杯，欲饮琵琶马上催。

醉卧沙场君莫笑，古来征战几人回？

注 释

凉州词：唐代曲名，起源于凉州（今甘肃武威）一带。

夜光杯：用美玉制成的杯子，夜间能够发光。这里指极精致的酒杯。

欲：将要。

沙场：战场。

译 文

酒筵上甘醇的葡萄美酒盛满夜光杯，正要畅饮时，马上琵琶也声声响起，仿佛催人出征。

如果醉卧在沙场上，也请你不要笑话，古来出外打仗的有几人能返回家乡？

51 夏日绝句

（宋）李清照

生当作人杰，死亦为鬼雄。

至今思项羽，不肯过江东。

注 释

人杰：人中的豪杰。汉高祖曾称赞开国功臣张良、萧何、韩信是"人杰"。

鬼雄：鬼中的英雄。

项羽：秦朝末年的起义军领袖，后来与刘邦争夺天下，失败自杀。

江东：指项羽当初随叔父项梁起兵的地方。

译 文

生时应当做人中豪杰，死后也要做鬼中英雄。

到今天人们还在怀念项羽，因为他不肯苟且偷生，退回江东。

52 别董大

（唐）高适

千里黄云白日曛，北风吹雁雪纷纷。

莫愁前路无知己，天下谁人不识君？

注 释

董大：指董庭兰，是当时有名的音乐家，其在兄弟中排行第一，故称"董大"。

曛：日光昏暗。

知己：了解自己的人，好朋友。

谁人：哪个人。

君：你，这里指董大。

译 文

黄云蔽天,绵延千里,太阳黯淡无光。呼啸的北风刚刚送走了雁群,又带来了纷纷扬扬的大雪。

不要担心前路茫茫没有知己,普天之下哪个人不识你呢?

53 四时田园杂兴(其二十五)

(宋)范成大

梅子金黄杏子肥,麦花雪白菜花稀。

日长篱落无人过,惟有蜻蜓蛱蝶飞。

注 释

杂兴:随兴而写的诗。"兴",这里读 xìng。

蛱蝶:蝴蝶的一种。

篱落:篱笆。

译 文

初夏正是梅子金黄杏子肥的时节,麦穗扬着白花,油菜花差不多落尽正在结籽。

夏天日长,篱落边无人过往,大家都在田间忙碌,只有蜻蜓和蝴蝶在款款飞舞。

54 宿新市徐公店

(宋)杨万里

篱落疏疏一径深,树头新绿未成阴。

儿童急走追黄蝶,飞入菜花无处寻。

注 释

新市：地名，在今湖南攸县北。

疏疏：稀疏。

径：小路。

阴：树荫。

急走：奔跑。走，跑的意思。

译 文

稀稀落落的篱笆旁，一条小路通向远方，路旁树上的花瓣纷纷飘落，新叶刚刚长出还未形成树荫。

小孩子奔跑着追赶黄蝴蝶，可是蝴蝶飞入菜花丛中再也找不到了。

 清平乐·村居

（宋）辛弃疾

茅檐低小，溪上青青草。醉里吴音相媚好，白发谁家翁媪？

大儿锄豆溪东，中儿正织鸡笼。最喜小儿亡赖，溪头卧剥莲蓬。

注 释

清平乐(yuè)：词牌名。

村居：词题。

吴音：这首词是辛弃疾闲居带湖（今属江西）时写的。此地古代属吴地，所以称当地的方言为"吴音"。

翁媪(ǎo)：老翁和老妇。

锄豆：锄掉豆田里的草。

织：编织。

亡赖：同"无赖"，这里指顽皮、淘气。"亡"，这里读 wú。

译文

草屋的茅檐又低又小，溪边长满了翠绿的小草。含有醉意的吴地方言，听起来温柔又美好，那满头白发的是谁家的老人？

大儿子在小溪东边的豆田锄草，二儿子正在家里编织鸡笼。最喜欢的顽皮的小儿子，他正横卧在溪头草丛，剥着刚摘下的莲蓬。

56 江畔独步寻花

（唐）杜甫

黄师塔前江水东，春光懒困倚微风。

桃花一簇开无主，可爱深红爱浅红？

注 释

江畔：指成都锦江之滨。

独步：独自散步。

黄师塔：一位姓黄的僧人的墓。当时蜀地称僧人为"师"，称僧墓为"塔"。

一簇：一丛。

无主：没有主人。

译 文

来到黄师塔前江水的东岸，又困又懒沐浴着和煦春风。

一株无主的桃花开得正盛，我该爱那深红还是浅红？

57 蜂

（唐）罗隐

不论平地与山尖，无限风光尽被占。

采得百花成蜜后，为谁辛苦为谁甜？

注释

山尖：山峰。

风光：鲜花盛开的、景色优美的地方。

尽：全，都。

译文

无论是平地还是山峰，鲜花盛开、景色优美的地方，都有蜜蜂在那里辛勤采蜜。

它们采尽百花酿成蜜，是在为谁忙碌、为谁酿造香甜的蜂蜜呢？

 58 独坐敬亭山

（唐）李白

众鸟高飞尽，孤云独去闲。

相看两不厌，只有敬亭山。

注释

敬亭山：在今安徽宣城市北。

尽：没有了。

独去：独自去。

闲：形容云彩飘来飘去、悠闲自在的样子。

厌：满足。

译文

许多鸟高高地飞得没有踪影了，天上孤单的白云独自悠闲自在地飘去。

敬亭山和我对视着，谁都看不够，看不厌，看来理解我的只有这敬亭山了。

59 芙蓉楼送辛渐

（唐）王昌龄

寒雨连江夜入吴，平明送客楚山孤。

洛阳亲友如相问，一片冰心在玉壶。

注 释

芙蓉楼：故址在今江苏镇江北，下临长江。

吴：镇江在古代属于吴地。

平明：天刚亮。

楚山：泛指长江中下游北岸的山。长江中下游北岸在古代属于楚地范围。

客：指作者的好友辛渐。

孤：独自，孤单一人。

冰心：像冰一样晶莹、纯洁的心。

译 文

冷雨连夜洒遍吴地江天，清晨送走你后，独自面对着楚山离愁无限。

到了洛阳，如果洛阳亲友问起我来，就请转告他们，我的心依然像玉壶里的冰那样晶莹、纯洁。

60 塞下曲

（唐）卢纶

月黑雁飞高，单于夜遁逃。

欲将轻骑逐，大雪满弓刀。

注 释

塞下曲：古时边塞的一种军歌。

月黑：没有月光。

单于(chán yú)：匈奴的首领。这里泛指侵扰唐朝的游牧民族首领。

遁：逃走。

将：率领。

骑：骑兵。

逐：追赶。

满：沾满。

译文

在乌云遮月的黑夜，一群大雁被惊起直飞高空，单于的军队想要趁着夜色悄悄潜逃。正想要带领轻快的骑兵一路追赶，大雪纷纷扬扬落满了身上的弓和刀。

61 墨 梅

（元）王冕

我家洗砚池头树，朵朵花开淡墨痕。

不要人夸好颜色，只留清气满乾坤。

注 释

洗砚池：传说会稽(今浙江绍兴)戢山下有晋代大书法家王羲之的洗砚池。由于经常洗笔砚，池塘的水都染黑了。

乾坤：天地间。

痕：痕迹。

清气：梅花的清香之气。

译 文

我家洗砚池边有一棵梅树，朵朵开放的梅花都像是用淡淡的墨汁点染而成。它不需要别人夸奖颜色多么好看，只需要将清香之气弥漫在天地之间。

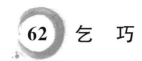 62 乞 巧

（唐）林杰

七夕今宵看碧霄，牵牛织女渡河桥。

家家乞巧望秋月，穿尽红丝几万条。

注 释

乞巧：古代节日，在农历七月初七，又名七夕。旧时风俗，妇女们于牛郎织女相会之夜穿针，向织女学巧，谓乞巧。

碧霄：指浩瀚无际的青天。

几万条：比喻多。

译 文

七夕，人们纷纷抬头仰望浩瀚天空，就好像能看见牛郎织女渡银河在鹊桥上相会。

家家户户都在一边观赏秋月一边乞巧，穿过的红线都有几万条了。

 63 示 儿

（宋）陆游

死去元知万事空，但悲不见九州同。

王师北定中原日，家祭无忘告乃翁。

注 释

示儿：给儿子看。这首诗是陆游临终前写给儿子的。

元：同"原"，本来。

但：只是。

九州：古代中国曾分为九个州，这里代指中国。

王师：指南宋朝廷的军队。

北定：将北方平定。

家祭：祭祀家中先人。

无忘：不要忘记。

乃翁：你们的父亲。

译文

我本来知道，当我死后，人间的一切就都和我无关了，唯一使我痛心的，就是我没能亲眼看到国家的统一。

当朝廷军队收复中原失地的那一天，你们举行家祭时，千万别忘把这好消息告诉你们的父亲。

 64 题临安邸

（宋）林升

山外青山楼外楼，西湖歌舞几时休？
暖风熏得游人醉，直把杭州作汴州。

注释

临安：南宋都城，即今浙江省杭州市。

邸（dǐ）：旅店。

几时休：什么时候休止。

暖风：这里不仅指自然界和煦的春风，还暗指南宋朝廷的淫靡之风。

直：简直。

汴州：北宋都城汴梁，即今河南省开封市。

译文

远处青山叠翠，近处楼台重重，西湖的歌舞何时才会停止？
淫靡的香风陶醉了享乐的贵人们，简直是把偏安的杭州当作了昔日的汴州。

65 己亥杂诗

（清）龚自珍

九州生气恃风雷,万马齐喑究可哀。

我劝天公重抖擞,不拘一格降人材。

注 释

己亥杂诗:龚自珍在己亥年(1839)写的一组诗,共315首。这里选的是其中一首。

九州:中国的别称之一。"九州"分别是:冀州、兖州、青州、徐州、扬州、荆州、梁州、雍州和豫州。

生气:活力,生命力。这里指朝气蓬勃的局面。

恃(shì):依靠。

万马齐喑(yīn):所有的马都沉寂无声。比喻人们沉默不语,不敢发表意见。喑,沉默。

天公:造物主。

抖擞:振作,奋发。

降:降生,降下。

译 文

只有依靠风雷激荡般的巨大力量才能使中国大地焕发勃勃生机,然而社会政局毫无生气,终究是一种悲哀。

我奉劝上天重新振作精神,不要拘泥于一定规格以降下更多的人才。

66 山居秋暝

（唐）王维

空山新雨后,天气晚来秋。

明月松间照,清泉石上流。

竹喧归浣女,莲动下渔舟。

随意春芳歇,王孙自可留。

注 释

暝（míng）：日落时分，天色将晚。

空山：空旷、空寂的山野。

新：刚刚。

竹喧：竹林中笑语喧哗。喧，笑语喧哗。

浣（huàn）女：洗衣物的女子。

歇：尽。

王孙：原指贵族子弟，此处指诗人自己。

译 文

新雨过后山谷里空旷清新，初秋傍晚的天气特别凉爽。

明月映照着幽静的松林，清澈的泉水在山石上淙淙流淌。

竹林中少女喧笑着洗衣归来，莲叶轻摇是有轻舟从上游荡下。

任凭春天的美景消歇，眼前的秋景足以令人流连。

 枫桥夜泊

（唐）张继

月落乌啼霜满天，江枫渔火对愁眠。

姑苏城外寒山寺，夜半钟声到客船。

注 释

枫桥：在今江苏苏州。

夜泊：夜间把船停靠在岸边。

江枫：江边的枫树。

愁眠：心中烦闷难以入眠。

姑苏：苏州的别称，因苏州有姑苏山而得名。

寒山寺：枫桥附近的一座寺庙，相传唐代僧人寒山曾住于此。

译 文

月亮已落下,乌鸦啼叫,寒气满天,对着江边枫树与船上渔火忧愁难眠。

姑苏城外寒山寺半夜里敲响的钟声传到了我乘坐的客船里。

 **长相思**

(清)纳兰性德

山一程,水一程,身向榆关那畔行,夜深千帐灯。

风一更,雪一更,聒碎乡心梦不成,故园无此声。

注 释

长相思:词牌名。

榆关:山海关。

那畔:那边,这里指关外。

千帐:指军营之多。帐,军营的帐篷。

聒:声音嘈杂,这里指风雪声。

此声:指风雪交加的声音。

译 文

将士们不辞辛苦地跋山涉水,马不停蹄地向着山海关进发。夜已经深了,千万个帐篷里都点起了灯。

外面正刮着风、下着雪,风雪声惊醒了睡梦中的将士们,勾起了他们对故乡的思念,故乡是多么温暖宁静呀,哪有这般狂风呼啸、雪花乱舞的聒噪之声。

 渔歌子

（唐）张志和

西塞山前白鹭飞，桃花流水鳜鱼肥。

青箬笠，绿蓑衣，斜风细雨不须归。

注 释

渔歌子：词牌名。

西塞山：山名，在今浙江湖州西面。

桃花流水：桃花盛开的季节正是春水盛涨的时候，俗称桃花汛或桃花水。

鳜（guì）鱼：淡水鱼，江南又称桂鱼，肉质鲜美。

箬（ruò）笠：用竹篾、箬叶编制的斗笠。

蓑衣：用草或棕麻制成的防雨用具。

不须：不一定要。

译 文

西塞山前，白鹭在自由地翱翔。江岸桃花盛开，江水中肥美的鳜鱼欢快地游来游去。

渔翁头戴青色斗笠，身披绿色蓑衣，冒着斜风细雨，悠然自得地垂钓，连下雨了都不回家。

 观书有感（其一）

（宋）朱熹

半亩方塘一鉴开，天光云影共徘徊。

问渠那得清如许？为有源头活水来。

注 释

方塘:又称半亩塘,在福建尤溪城南郑义斋馆舍(后为南溪书院)内。

鉴:镜子。

徘徊:来回移动。

渠:它,第三人称代词,这里指方塘之水。

清如许:这样清澈。清,清澈。如,如此,这样。

译 文

半亩大的方形池塘像一面镜子一样展现在眼前,天光、云影在水面上闪耀浮动。

要问那池塘里的水为何这样清澈呢? 那是因为有永不枯竭的源头源源不断地为它输送活水。

 71 观书有感(其二)

(宋)朱熹

昨夜江边春水生,蒙冲巨舰一毛轻。

向来枉费推移力,此日中流自在行。

注 释

蒙冲:古代攻击性很强的战舰名,这里指大船。

一毛轻:像一片羽毛一般轻盈。

向来:原先,指春水上涨之前。

推移力:指水浅时行船困难,需要人推拉而行。

中流:河流的中心。

译 文

昨天夜晚江边的春水大涨,那艘大船就像一片羽毛一般轻盈。

以往花费许多力量也不能推动它,今天却能在江水中央自在漂流。

72 四时田园杂兴(其三十一)

（宋）范成大

昼出耘田夜绩麻，村庄儿女各当家。

童孙未解供耕织，也傍桑阴学种瓜。

注 释

耘田：在田间除草。

绩麻：把麻搓成线。

解：理解，懂得。

供：从事，参加。

傍：靠近。

阴：树荫。

译 文

白天去田里锄草，夜晚在家中搓麻线，村中男男女女各有各的事情。

小孩子虽然不会耕田织布，也在那桑树荫下学着种瓜。

73 稚子弄冰

（宋）杨万里

稚子金盆脱晓冰，彩丝穿取当银钲。

敲成玉磬穿林响，忽作玻璃碎地声。

注 释

稚子：幼小的孩子。

金盆脱晓冰：早晨从金属盆里把冰取出来。

钲：一种金属打击乐器。

磬（qìng）：一种打击乐器，形状像曲尺。

玻璃：古代常指一种玉石。

译 文

清晨，满脸稚气的小孩将夜间冻结在盆中的冰块取出来，用彩线穿起来当钲。敲出的声音像玉磬一般穿越树林。忽然冰块被敲碎落地，发出美玉摔碎般的声音。

 村　晚

（宋）雷震

草满池塘水满陂，山衔落日浸寒漪。

牧童归去横牛背，短笛无腔信口吹。

注 释

陂（bēi）：池岸。

衔：口里含着。诗中指落日西沉，半挂在山腰，像被山咬住了。

浸：淹没。

漪（yī）：水中的波纹。

归去：回去。

横牛背：横坐在牛背上。

腔：曲调。

信口：随口。

译 文

绿草长满了池塘，池塘里的水几乎溢出了塘岸。远处的青山，衔着红红的落日，一起把影子倒映在水中，水面闪动着粼粼波光。

那小牧童横骑在牛背上,往家里走去。小牧童拿着一支短笛,随口吹着,也没有固定的曲调。

75 游子吟

(唐)孟郊

慈母手中线,游子身上衣。

临行密密缝,意恐迟迟归。

谁言寸草心,报得三春晖。

注 释

游子:古代称远游旅居的人。

吟:诗体名称。

临:将要。

意恐:心里担心。

寸草:小草。

晖:阳光。这里指慈母之恩。

译 文

慈祥的母亲手里把着针线,为即将远游的孩子赶制新衣。

临行前一针针密密地缝缀,怕儿子回来得晚衣服破损。

谁说像小草那样微弱的孝心,能报答得了像春晖普泽一样的慈母恩情?

76 鸟鸣涧

(唐)王维

人闲桂花落,夜静春山空。

月出惊山鸟,时鸣春涧中。

注 释

鸟鸣涧：鸟儿在山涧中鸣叫。

人闲：指没有人事活动相扰。闲，安静、悠闲，含有寂静的意思。

桂花：春桂，现在叫山矾，也有人叫它山桂花。

春山：春日的山，亦指春日山中。

空：空寂，空虚，形容山中寂静无声。

月出：月亮升起。

惊：惊动，扰乱。

山鸟：山中的鸟。

时鸣：偶尔（时而）啼叫。时，时而，偶尔。

译 文

寂静的山谷中，只有春桂花在无声地飘落，宁静的夜色中春山一片空寂。

月亮升起月光照耀大地时惊动了山中栖鸟，它们在春天的溪涧里不时地鸣叫。

77 从军行

（唐）王昌龄

青海长云暗雪山，孤城遥望玉门关。

黄沙百战穿金甲，不破楼兰终不还。

注 释

从军行：乐府曲名，内容多写边塞情况和战士的生活。

玉门关：古关名，故址在今甘肃敦煌西北。

楼兰：西域古国名，这里泛指西域地区的各部族政权。

译 文

青海上空的阴云遮暗了雪山,远远眺望只看见孤独的城池,那正是春风都吹不到的玉门关。

塞外的将士身经百战磨穿了盔和甲,但是不彻底消灭入侵者,他们将誓不回家园!

 78 秋夜将晓出篱门迎凉有感

(宋)陆游

三万里河东入海,五千仞岳上摩天。

遗民泪尽胡尘里,南望王师又一年。

注 释

三万里河:指黄河。"三万里"形容河很长。

五千仞岳:指华山。"仞",长度单位。"五千仞"形容山很高。

摩天:碰到天,形容极高。

遗民:指在金统治地区的原宋朝百姓。

泪尽:眼泪流干了,形容十分悲惨、痛苦。

胡尘:指金统治地区的风沙,这里借指金政权。

南望:远眺南方。

王师:指南宋朝廷的军队。

译 文

三万里长的黄河奔腾向东流入大海,五千仞高的华山高耸入云。

在金统治地区的原宋朝百姓在胡人压迫下眼泪已流尽,他们盼望王师北伐,盼了一年又一年。

79　闻官军收河南河北

（唐）杜甫

剑外忽传收蓟北，初闻涕泪满衣裳。

却看妻子愁何在，漫卷诗书喜欲狂。

白日放歌须纵酒，青春作伴好还乡。

即从巴峡穿巫峡，便下襄阳向洛阳。

注　释

剑外：指作者所在的蜀地。

蓟北：泛指唐朝蓟州北部地区，当时是叛军盘踞的地方。

却看：回头看。

妻子：妻子和孩子。

青春：指春天。

译　文

在剑外忽然听说收复蓟北的消息，初听到时悲喜交集，眼泪打湿了衣裳。

回头再看看妻子儿女，忧愁哪里还在。胡乱收卷诗书，我高兴得快要发狂！

在这晴好的日子我要开怀痛饮，放声纵情歌唱；明媚春光和我做伴，我好启程还乡。

我立即从巴峡穿过了巫峡，很快便到了襄阳，随即又奔向洛阳。

 **80　凉州词**

（唐）王之涣

黄河远上白云间，一片孤城万仞山。

羌笛何须怨杨柳，春风不度玉门关。

注 释

黄河远上:远望黄河的源头。

孤城:指孤零零的戍边的城堡。

羌笛:一种羌族乐器,属横吹式管乐。

何须怨:何必埋怨。何须,何必。

杨柳:指的是《杨柳曲》。古诗文中常以杨柳喻送别情事。

不度:吹不到。度,吹到过。

玉门关:汉武帝时设置,因西域输入玉石取道于此而得名。故址在今甘肃敦煌西北小方盘城,是古代通往西域的要道。六朝时关址东移至今安西双塔堡附近。

译 文

黄河好像从白云间奔流而来,玉门关孤独地耸峙在高山中。

何必用羌笛吹起那哀怨的《杨柳曲》去埋怨春光迟迟不来呢,玉门关一带春风是吹不到的啊!

 黄鹤楼送孟浩然之广陵

(唐)李白

故人西辞黄鹤楼,烟花三月下扬州。

孤帆远影碧空尽,唯见长江天际流。

注 释

黄鹤楼:我国名胜古迹之一,故址在今湖北省武汉市蛇山的黄鹄矶上。传说三国时期的费祎于此升仙乘黄鹤而去,故称黄鹤楼。

孟浩然:李白的朋友。

之:往,到达。

广陵：即扬州。

故人：老朋友，这里指孟浩然。

辞：辞别。

烟花：形容柳絮如烟、繁花似锦的春天景物，指艳丽的春景。

下：顺流向下而行。

尽：消失。

唯：只。

译 文

友人在黄鹤楼与我辞别，在柳絮如烟、繁花似锦的阳春三月去扬州远行。
孤船帆影渐渐消失在碧空尽头，只看见滚滚长江向天际奔流。

82 乡村四月

（宋）翁卷

绿遍山原白满川，子规声里雨如烟。

乡村四月闲人少，才了蚕桑又插田。

注 释

山原：山陵和原野。

白满川：指稻田里的水色映着天光。

川：平地。

子规：杜鹃鸟。

了：结束。

蚕桑：种桑养蚕。

插田：插秧。

译 文

山坡田野间草木茂盛,稻田里的水色与天光相辉映。天空中烟雨蒙蒙,杜鹃声声啼叫。

乡村的四月正是最忙的时候,刚刚结束了蚕桑的事又要插秧了。

 83 宿建德江

(唐)孟浩然

移舟泊烟渚,日暮客愁新。

野旷天低树,江清月近人。

注 释

建德江:指新安江流经建德(今属浙江省)的一段。

移舟:划动小船。

泊:停船靠岸。

渚(zhǔ):水中间的小块陆地。

客:指作者自己。

愁:为思乡而忧思不堪。

旷:空阔远大。

天低树:天幕低垂,好像和树木相连。

月近人:倒映在水中的月亮似乎与人更近了。

译 文

把船停泊在烟雾弥漫的沙洲旁,日暮时分新愁又涌上了心头。

原野无边无际,远处的天空似乎比近处的树林还要低,江水清清,明月似乎与人更近了。

84 六月二十七日望湖楼醉书(其一)

(宋)苏轼

黑云翻墨未遮山,白雨跳珠乱入船。

卷地风来忽吹散,望湖楼下水如天。

注 释

六月二十七日:指宋神宗熙宁五年(1072)六月二十七日。

望湖楼:又称看经楼,在今浙江省杭州市西湖边。

醉书:酒醉时写下的作品。

翻墨:打翻的黑墨水,形容云层很黑。

遮:遮盖,遮挡。

白雨:指夏日阵雨的特殊景观,因雨点大而猛,在湖光山色的衬托下显得白。

跳珠:跳动的水珠(珍珠),用"跳珠"形容雨点大,杂乱无序。

卷地风来:指狂风席地卷来。

忽:突然。

水如天:形容湖面像天空一般开阔而且平静。

译 文

翻滚的乌云像泼洒的墨汁,还没有完全遮住天空,白花花的雨点似珍珠乱蹦乱跳落在船上。

忽然间卷地而来的狂风吹散了满天的乌云,风雨后望湖楼下的西湖波光粼粼,水天连成一片。

 # 85 西江月·夜行黄沙道中

(宋)辛弃疾

明月别枝惊鹊,清风半夜鸣蝉。稻花香里说丰年,听取蛙声一片。

七八个星天外,两三点雨山前。旧时茅店社林边,路转溪桥忽见。

注 释

西江月:词牌名。

夜行黄沙道中:词题。黄沙,即黄沙岭,在今江西省上饶市的西面。

别枝:横斜突兀的树枝。

鸣蝉:蝉叫声。

旧时:往日。

茅店:用茅草盖的小客舍。

社林:土地庙附近的树林。社,土地神庙。古时,村有社树,为祀神处,故曰社林。

见:同"现",显现,出现。

译 文

皎洁的月光从树枝间掠过,惊飞了枝头喜鹊。清凉的晚风吹来,仿佛听见了远处的蝉叫声。在稻花的香气里,耳边传来一阵阵青蛙的叫声,好像在说今年是一个丰收的好年景。

天空中轻云漂浮,闪烁的星星忽明忽暗,山前下起了淅淅沥沥的小雨。往日的小茅草屋还在土地庙的树林旁,拐个弯儿,过了溪上的桥,它便忽然出现在眼前。

 **86** 过故人庄

(唐)孟浩然

故人具鸡黍,邀我至田家。

绿树村边合,青山郭外斜。

开轩面场圃,把酒话桑麻。

待到重阳日,还来就菊花。

注 释

过:拜访。

故人庄:老朋友的田庄。庄,田庄。

具:准备,置办。

鸡黍:指农家待客的丰盛饭食(字面指鸡和黄米饭)。黍(shǔ),黄米,古代认为是上等的粮食。

邀:邀请。

至:到。

合:环绕。

郭:古代城墙有内外两重,内为城,外为郭。这里指村庄的外墙。

斜(xié):倾斜。另有古音念 xiá。

开:打开,开启。

轩:窗户。

面:面对。

场圃:场,打谷场、稻场。圃,菜园。

把酒:端着酒具,指饮酒。把,拿起、端起。

话桑麻:闲谈农事。桑麻,桑树和麻。这里泛指农事。

重阳日:指夏历的九月初九。古人在这一天有登高、饮菊花酒的习俗。

还(huán):返,来。

就菊花:赏菊的意思。就,靠近,指去做某事。

译文

老朋友准备丰盛的饭菜,邀请我到他田舍做客。

翠绿的树林围绕着村落,一脉青山在城郭外隐隐横斜。

推开窗户面对谷场菜园,共饮美酒,闲谈农事。

等到九九重阳节到来时,我还要来这里观赏菊花。

87 春 日

(宋)朱熹

胜日寻芳泗水滨,无边光景一时新。

等闲识得东风面,万紫千红总是春。

注 释

春日：春天。

胜日：好日子。

寻芳：游春，踏青。

泗水：河名，在今山东省。

滨：水边，河边。

光景：风光风景。

等闲：平常，随便。

东风：这里指春风。

译 文

风和日丽游春在泗水之滨，无边无际的风光焕然一新。

随便都可以看到春天的面貌，春风吹得百花开放、万紫千红，到处都是春天的景致。

88 回乡偶书

（唐）贺知章

少小离家老大回，乡音无改鬓毛衰。

儿童相见不相识，笑问客从何处来。

注 释

偶书：随便写的诗。偶，说明诗写得很偶然，是随时有所见、有所感就写下来的。

老大：年纪大了。贺知章回乡时已年逾八十。

乡音：家乡的口音。

鬓毛：面颊旁靠近耳朵的头发。

衰：这里指鬓发稀疏零落。

译文

年少时离乡老年才归家,我的乡音虽未改变,但鬓角的毛发却已经疏落。

家乡的儿童们看见我,没有一个认识我。他们笑着询问我:你是从哪里来的呀?

89 浪淘沙

（唐）刘禹锡

九曲黄河万里沙,浪淘风簸自天涯。

如今直上银河去,同到牵牛织女家。

注释

浪淘沙:唐代曲名。

九曲:自古相传黄河有九道弯。这里形容黄河弯弯曲曲的地方很多。

万里沙:黄河在流经各地时挟带大量泥沙。

浪淘风簸:黄河卷着泥沙,风浪滚动的样子。浪淘,波浪淘洗。簸,颠簸。

自天涯:来自天边。

牵牛织女:银河系的两个星座名。

译文

万里黄河弯弯曲曲挟带着泥沙,波涛滚滚如巨风掀簸来自天涯。

如今好像要直接飞上高空的银河,请你带上我一起去寻访牛郎织女的家。

90 江南春

（唐）杜牧

千里莺啼绿映红,水村山郭酒旗风。

南朝四百八十寺,多少楼台烟雨中。

注释

莺啼：即莺啼燕语。

山郭：依山而建的城。

酒旗：酒招子，酒馆外悬挂的旗子之类的标识。

南朝：公元 420 到 589 年建都于建康（今南京）的宋、齐、梁、陈四个朝代的总称。

四百八十寺："四百八十"是虚指，形容寺院很多。

楼台：楼阁亭台。此处指寺院建筑。

烟雨：细雨蒙蒙，如烟如雾。

译文

辽阔的江南到处莺歌燕舞，绿树红花相映，水边村寨、山麓城郭处处酒旗飘动。南朝遗留下的许多座古寺，如今有多少笼罩在这朦胧烟雨之中。

 91 书湖阴先生壁

（宋）王安石

茅檐长扫净无苔，花木成畦手自栽。

一水护田将绿绕，两山排闼送青来。

注释

书：书写，题写。

湖阴先生：杨德逢的别号，王安石退居钟山（在今南京）时的邻居。

茅檐：茅屋檐下，这里指庭院。

苔：青苔。

成畦(qí)：成垄成行。

护田：这里指护卫环绕着园田。

排闼(tà)：推开门。闼，小门。

送青来：送来青翠的山色。

茅舍庭院由于经常打扫,洁净得没有一丝青苔,花木规整成行成垄都是主人亲自栽种的。

庭院外一条小河环绕着大片碧绿的禾苗,两座山峰仿佛要推开门,给主人送上满山的青翠。

寒 食

（唐）韩翃

春城无处不飞花,寒食东风御柳斜。

日暮汉宫传蜡烛,轻烟散入五侯家。

注 释

寒食:寒食节,通常在冬至后的第105天,古时在这个节日期间不能生火做饭。

春城:指春天的京城。

御柳:皇城里的柳树。

汉宫:这里用汉代皇宫来借指唐代皇宫。

传蜡烛:指宫中传赐蜡烛。

五侯:这里泛指权贵豪门。

译 文

暮春长安城处处柳絮飞舞、落红无数,寒食节东风吹拂着皇城中的柳树。

傍晚汉宫传送蜡烛赏赐王侯近臣,袅袅的轻烟飘散到天子宠臣的家中。

迢迢牵牛星

（汉）佚名

迢迢牵牛星，皎皎河汉女。

纤纤擢素手，札札弄机杼。

终日不成章，泣涕零如雨。

河汉清且浅，相去复几许。

盈盈一水间，脉脉不得语。

注 释

河汉女：指织女星。河汉，银河。

擢（zhuó）：伸出。

素：白皙。

札（zhá）札：织机发出的响声。

机杼（zhù）：织机。杼，梭子。

章：指布帛上的经纬纹理，这里指整幅的布帛。

零：落下。

盈盈：清澈的样子。

脉（mò）脉：相视无言的样子。

译 文

在银河东南牵牛星遥遥可见，在银河之西织女星明亮皎洁。

织女正摆动柔长洁白的双手，织布机札札札地响个不停。

一整天也没织成一段布，哭泣的眼泪如同下雨般零落。

这银河看起来又清又浅，两岸相隔又有多远呢？

虽然只相隔了一条银河，但也只能含情脉脉相视无言。

 十五夜望月

（唐）王建

中庭地白树栖鸦，冷露无声湿桂花。
今夜月明人尽望，不知秋思落谁家。

注 释

十五夜：这里指农历八月十五中秋节的夜晚。

中庭：即庭中，庭院中。

地白：月光照在庭院地上的样子。

鸦：鸦雀。

冷露：秋天的露水。

尽：都。

秋思：秋天的情思。这里指怀人的思绪。

落：在，到。

译 文

庭院地面像霜雪那样白，树上栖息着鸦雀，秋露无声无息打湿了院中桂花。

今天晚上人们都仰望当空明月，不知道这秋思之情落在了谁家？

 长歌行

（汉）汉乐府

青青园中葵，朝露待日晞。
阳春布德泽，万物生光辉。
常恐秋节至，焜黄华叶衰。
百川东到海，何时复西归？
少壮不努力，老大徒伤悲。

注 释

长歌行:汉乐府曲题。

晞:天亮,引申为阳光照耀。

德泽:恩惠。这里指春天的阳光雨露。

焜黄:形容草木凋落枯黄的样子。

老大:年老。

徒:徒然,白白地。

译 文

园中的葵菜郁郁葱葱,晶莹的朝露等待阳光照耀。

春天给大地普施阳光雨露,万物生机盎然欣欣向荣。

常恐那肃杀的秋天来到,树叶儿黄落百草也凋零。

百川奔腾着东流到大海,何时才能返回?

年轻力壮的时候不奋发图强,到老了悲伤也没用了。

96 马 诗

(唐)李贺

大漠沙如雪,燕山月似钩。

何当金络脑,快走踏清秋。

注 释

大漠:广大的沙漠。

燕山:指燕然山。这里借指边塞。

钩:古代的一种兵器,形似月牙。

何当:何时将要。

金络脑:用黄金装饰的马笼头。

踏:走,跑。此处有奔驰之意。

清秋:清朗的秋天。

译 文

平沙万里,在月光下像地上铺了一层白皑皑的霜雪。连绵的燕山山岭上,一弯明月当空,如弯钩一般。

什么时候才能给马戴上金络头,驰骋在秋高气爽的疆场上建立功勋呢?

97 石灰吟

（明）于谦

千锤万凿出深山,烈火焚烧若等闲。

粉骨碎身浑不怕,要留清白在人间。

注 释

石灰吟:赞颂石灰。吟,吟颂,古代诗歌的一种形式。

千锤万凿:无数次的锤击开凿,形容开采石灰非常艰难。千、万,虚词,形容很多。锤,锤打。凿,开凿。

若等闲:好像很平常的事情。若,好像,好似。等闲,平常。

浑:全,全然。

清白:指高尚的节操。

人间:人世间。

译 文

石灰石经过千锤万凿从深山里被开采出来,它把熊熊烈火的焚烧当作很平常的一件事。

即使粉身碎骨也毫不惧怕,它要把高尚气节留在人世间。

98 竹 石

（清）郑燮

咬定青山不放松，立根原在破岩中。

千磨万击还坚劲，任尔东西南北风。

注 释

竹石：扎根在石缝中的竹子。诗人是著名画家，他画的竹子特别有名，这是他题写在竹石画上的一首诗。

咬定：比喻根扎得结实，像咬着青山不松口一样。

立根：扎根，生根。

原：本来，原本，原来。

破岩：裂开的山岩，即岩石的缝隙。

磨：折磨，挫折，磨炼。

击：打击。

坚劲：坚强有力。

任：任凭。

尔：你。

译 文

竹子抓住青山一点也不放松，它的根牢牢地扎在岩石缝中。

经历无数磨难和打击身骨仍坚强有力，任凭你刮酷暑的东南风，还是严冬的西北风。

99 采薇（节选）

（周）《诗经·小雅》

昔我往矣，杨柳依依。

今我来思，雨雪霏霏。

行道迟迟，载渴载饥。

我心伤悲，莫知我哀！

注 释

薇：植物名。

昔：从前，指出征时。

往：指当初去从军。

依依：形容柳枝轻柔、随风摇曳的样子。

思：句末语气词，没有实在意义。

雨雪：指下雪。"雨"，这里读 yù，作动词。

霏（fēi）霏：雪花纷落，雪下得很大的样子。

迟迟：迟缓的样子。

载：则，又。

莫：没有人。

译 文

回想当初我离开的时候，连杨柳都与我依依惜别。

如今回来路途中，却纷纷扬扬下起了大雪。

路途曲折漫长难行走，又渴又饥真劳累。

我心里不觉伤悲起来，没有人会懂得我的痛苦的！

送元二使安西

（唐）王维

渭城朝雨浥轻尘，客舍青青柳色新。

劝君更尽一杯酒，西出阳关无故人。

注 释

安西：指唐代安西都护府。

渭城：秦时咸阳城，汉代改称渭城，在今陕西咸阳东北，位于渭水北岸。

浥（yì）：湿润，沾湿。

客舍：旅馆。

阳关：古关名，故址在今甘肃敦煌西南。

译 文

清晨刚下阵雨，渭城尘土湿润，空气清新，旅馆旁边的柳树更加青翠。

朋友啊，再干一杯送别的酒吧，要知道西出阳关之后，就再也难见老朋友了。

 春夜喜雨

（唐）杜甫

好雨知时节，当春乃发生。

随风潜入夜，润物细无声。

野径云俱黑，江船火独明。

晓看红湿处，花重锦官城。

注 释

发生：使植物萌发、生长。

野径：田野间的小路。

红湿处:被雨水打湿的花丛。

花重:花因为饱含雨水而显得沉重。

锦官城:成都的别称。成都曾经是主持织锦的官员的官署所在地,所以叫"锦官城"。

译 文

好雨似乎会挑选时辰,降临在万物萌生之春。

伴随着和风悄悄进入夜幕,细细密密地滋润着大地万物。

浓浓的乌云笼罩着田野间的小路,唯有江上渔船的灯光闪烁着,显得格外明亮。

等天亮的时候,那潮湿的泥土上必定落满了红色的花瓣,锦官城的大街小巷也一定是一片万紫千红的景象。

102 早春呈水部张十八员外

(唐)韩愈

天街小雨润如酥,草色遥看近却无。

最是一年春好处,绝胜烟柳满皇都。

注 释

呈:恭敬地送上。

水部张十八员外:指唐代诗人张籍,他在同族兄弟中排行第十八,曾任水部员外郎。

天街:京城街道。

润如酥:形容春雨滋润细腻。酥,酥油。

处:时。

绝胜:远远胜过。

译 文

京城大道上细雨纷纷,它像酥油般细密而滋润,远望草色依稀连成一片,近看时却显得稀疏零星。

这是一年中最美的季节,远胜过绿柳满城的暮春。

103 江上渔者

（宋）范仲淹

江上往来人,但爱鲈鱼美。

君看一叶舟,出没风波里。

注 释

渔者:捕鱼的人。

但:单单,只是。

爱:喜欢。

君:你。

一叶舟:像漂浮在水上的一片树叶似的小船。

出没:若隐若现。指一会儿看得见,一会儿看不见。

风波:波浪。

译 文

江上来来往往的人,只喜爱鲈鱼的味道鲜美。

看看那些可怜的打渔人吧,正划着小船在大风大浪里上下颠簸,飘摇不定。

 **泊船瓜洲**

（宋）王安石

京口瓜洲一水间，钟山只隔数重山。

春风又绿江南岸，明月何时照我还。

注 释

泊船：停船。泊，停泊。

瓜洲：在今江苏扬州一带，位于长江北岸。

京口：在今江苏镇江，位于长江南岸。

一水：一条河。古人除将黄河特称为"河"、长江特称为"江"之外，大多数情况下称河流为"水"，如汝水、汉水、浙水、湘水、澧水等。这里的"一水"指长江。

钟山：今江苏南京紫金山。

绿：吹绿。

译 文

京口和瓜洲之间只隔着一条长江，钟山就隐没在几座山峦的后面。

和煦的春风又吹绿了大江南岸，明月什么时候才能照着我回到家里。

 游园不值

（宋）叶绍翁

应怜屐齿印苍苔，小扣柴扉久不开。

春色满园关不住，一枝红杏出墙来。

注 释

不值：没有遇到人。值，遇到。

应：大概，表示猜测。

怜:怜惜。

屐(jī)齿:指木屐底下突出的部分。屐,木鞋。

印苍苔:在青苔上留下印迹。

小扣:轻轻地敲。

柴扉(fēi):用木柴、树枝编成的门。

译 文

也许是园主担心我的木屐踩坏他爱惜的青苔,我轻轻地敲打柴门,柴门久久不开。可是这满园的春色毕竟是关不住的,你看,那儿有一枝红色的杏花伸出墙来。

 106 卜算子·送鲍浩然之浙东

(宋)王观

水是眼波横,山是眉峰聚。欲问行人去那边?眉眼盈盈处。

才始送春归,又送君归去。若到江南赶上春,千万和春住。

注 释

卜算子:词牌名。

送鲍浩然之浙东:词题。之,往,去。

水是眼波横:水像美人流动的眼波。

山是眉峰聚:山如美人蹙起的眉毛。

那:同"哪"。

眉眼盈盈处:山水交汇的地方。盈盈,仪态美好的样子。

才始:方才。

译 文

水像美人流动的眼波,山如美人蹙起的眉毛。想问行人去哪里?到山水交汇的地方。

刚刚把春天送走，又要送你归去。如果你到江南能赶上春天，千万要把春天的景色留住。

 浣溪沙

（宋）苏轼

游蕲水清泉寺，寺临兰溪，溪水西流。

山下兰芽短浸溪，松间沙路净无泥。萧萧暮雨子规啼。

谁道人生无再少？门前流水尚能西！休将白发唱黄鸡。

注释

浣溪沙：词牌名。

蕲（qí）水：在今湖北浠水一带。

短浸溪：指初生的兰芽浸润在溪水中。

萧萧：这里形容雨声。

子规：杜鹃鸟。

无再少：不能再回到少年时代。

休将白发唱黄鸡：不要因老去而悲叹。唱黄鸡，语出白居易"黄鸡催晓丑时鸣"，比喻时光流逝。

译文

游玩蕲水的清泉寺，寺庙在兰溪的旁边，溪水向西流淌。

山脚下兰草新抽的幼芽浸润在溪水中，松林间的沙路被雨水冲洗得一尘不染。傍晚时分，细雨萧萧，布谷声声。

谁说人生不能再回到少年时期？门前的溪水都还能向西边流淌！不要在老年悲叹时光的飞逝。

108 清平乐

（宋）黄庭坚

春归何处？寂寞无行路。若有人知春去处，唤取归来同住。

春无踪迹谁知？除非问取黄鹂。百啭无人能解，因风飞过蔷薇。

注 释

寂寞：清静，寂静。

无行路：没有留下春去的行踪。

唤取：唤来。

问取：询问。取，语助词。

啭：鸟婉转地鸣叫。

解：懂得，理解。

因风：借着风势。因，凭借。

译 文

春天回到了哪里？寻不见它的踪迹只感苦闷寂寞。如果有人知道春天的消息，一定要帮我呼唤它回来与我同住。

谁也不知道春天的踪迹，只好去问一问黄鹂。然而黄鹂的婉转鸣声，谁又能懂呢？一阵风起它便随风飞过了盛开的蔷薇。

二、经典诗词曲诵读

咏 鹅

（唐）骆宾王

鹅，鹅，鹅，曲项向天歌。

白毛浮绿水，红掌拨清波。

译 文

"鹅,鹅,鹅!"面向蓝天,一群鹅儿伸着弯曲的脖子在歌唱。

洁白的羽毛漂浮在碧绿的水面,红红的脚掌拨动着清清的水波。

悯农(其二)

(唐)李绅

锄禾日当午,汗滴禾下土。

谁知盘中餐,粒粒皆辛苦。

译 文

农民在正午烈日的暴晒下锄禾,汗水滴在禾苗生长的土地上。

又有谁知道盘中的饭食,每颗每粒都是农民用辛勤的劳动换来的呢?

十五从军征

(汉)佚名

十五从军征,八十始得归。道逢乡里人:"家中有阿谁?"

"遥看是君家,松柏冢累累。"兔从狗窦入,雉从梁上飞。

中庭生旅谷,井上生旅葵。舂谷持作饭,采葵持作羹。

羹饭一时熟,不知饴阿谁。出门东向看,泪落沾我衣。

译 文

刚满十五岁的少年就出去打仗,到了八十岁才回来。路上碰到一个乡里的邻居,问:我家里还有什么人?

邻居说:远远看去那就是你家,但是你家那个地方现在已是松树柏树林中的一片坟墓。走到家门前看见野兔从狗洞里进出,野鸡在屋脊上飞来飞去。

院子里长着野生的谷子,野生的葵菜环绕着井台。用捣掉壳的野谷来做饭,摘下葵叶来煮汤。

汤和饭一会儿都做好了,却不知送给谁吃。走出大门向着东方张望,老泪纵横,洒落在征衣上。

浪淘沙（其七）

（唐）刘禹锡

八月涛声吼地来,头高数丈触山回。

须臾却入海门去,卷起沙堆似雪堆。

译 文

八月的涛声如万马奔腾惊天吼地而来,数丈高的浪头冲向岸边的山石又被撞回。片刻之间便退向江海汇合之处回归大海,卷起的沙堆在阳光照耀下像洁白的雪堆。

七步诗

（三国·魏）曹植

煮豆持作羹,漉菽以为汁。

萁在釜下燃,豆在釜中泣。

本自同根生,相煎何太急？

译 文

煮豆子是为了把豆子的残渣过滤出去,留下豆汁做羹。

豆萁在锅下燃烧,豆子在锅中哭泣。

我们本来是同胞兄弟,为什么你那么急迫地加害于我呢？

蝉

（唐）虞世南

垂緌饮清露，流响出疏桐。
居高声自远，非是藉秋风。

译 文

蝉垂下像帽缨一样的触角吸吮着清澈甘甜的露水，连续不断的鸣叫声从稀疏的梧桐树枝间传出。

是因为蝉在高处，所以它的声音才能传得远，并非是凭借秋风的力量。

寒 菊

（宋）郑思肖

花开不并百花丛，独立疏篱趣未穷。
宁可枝头抱香死，何曾吹落北风中。

译 文

菊花盛开在秋天，从不与百花为伍，它独立在稀疏的篱笆旁，情操意趣并未衰穷。

（它）宁可在枝头凋谢枯萎而死，也不曾被吹落于凛冽北风之中。

登幽州台歌

（唐）陈子昂

前不见古人，后不见来者。
念天地之悠悠，独怆然而涕下！

译 文

往前不见古代招贤的圣君,向后不见后世求才的明君。
只有那苍茫天地悠悠无限,止不住满怀悲伤热泪纷纷。

终南望余雪

（唐）祖咏

终南阴岭秀,积雪浮云端。
林表明霁色,城中增暮寒。

译 文

终南山的北面,山色多么秀美;峰顶上的积雪,似乎浮在云端。
雪后初晴,树林表面一片明亮;暮色渐生,城中觉得更冷更寒。

少年行(其三)

（唐）王维

一身能擘两雕弧,虏骑千重只似无。
偏坐金鞍调白羽,纷纷射杀五单于。

译 文

一个人就能拉开两张雕弓,敌骑千重全都不放在眼中。
偏坐金鞍上从容调好羽箭,不停地射去,敌酋无法逃生。

观 猎

（唐）王维

风劲角弓鸣，将军猎渭城。

草枯鹰眼疾，雪尽马蹄轻。

忽过新丰市，还归细柳营。

回看射雕处，千里暮云平。

译 文

　　角弓上箭射了出去，弦声和着强风一起呼啸。将军和士兵的猎骑，飞驰在渭城的近郊。

　　枯萎的野草，遮不住尖锐的鹰眼；积雪融化，马也奔驰得很快。

　　转眼间，猎骑穿过了新丰市，驻马时，已经回到细柳营。

　　凯旋时回头一望，那打猎的地方千里无垠，暮云笼罩，原野上静悄悄的。

客中作

（唐）李白

兰陵美酒郁金香，玉碗盛来琥珀光。

但使主人能醉客，不知何处是他乡。

译 文

　　兰陵出产的美酒，透着醇浓的郁金（一种香草，用以浸酒，浸后酒色金黄）的芬芳，盛在玉碗里看上去犹如琥珀般晶莹。

　　只要主人同我一道尽兴畅饮，一醉方休，我管它这里是故乡还是异乡呢！

秋浦歌(其十四)

(唐)李白

炉火照天地,红星乱紫烟。
赧郎明月夜,歌曲动寒川。

译 文

熊熊的炉火映红了天和地,红星在升腾的紫烟中飞溅。

脸膛红彤彤的冶炼工人在月光如水的夜晚,一边劳动,一边唱歌,嘹亮的歌声使冰冷的河水都荡漾起来了。

峨眉山月歌

(唐)李白

峨眉山月半轮秋,影入平羌江水流。
夜发清溪向三峡,思君不见下渝州。

译 文

半轮明月高高地挂在山头,月亮倒映在平羌江那澄澈的水面。

夜里我从清溪出发奔向三峡,到了渝州就能看到你(峨眉山上的月亮)了,多么想念你啊!

早 梅

(唐)张谓

一树寒梅白玉条,迥临村路傍溪桥。
不知近水花先发,疑是经冬雪未销。

译文

有一树梅花凌寒早开,枝条洁白如玉条,它远离人来车往的村路,临近溪水桥边。
人们不知寒梅靠近溪水提早开放,以为那是经冬而未消融的白雪。

逢雪宿芙蓉山主人

(唐)刘长卿

日暮苍山远,天寒白屋贫。
柴门闻犬吠,风雪夜归人。

译文

暮色降临,山色苍茫愈觉路途远,天气寒冷茅草屋显得更贫困。
柴门外忽然传来犬吠声声,原来是有人冒着风雪回家了。

房兵曹胡马

(唐)杜甫

胡马大宛名,锋棱瘦骨成。
竹批双耳峻,风入四蹄轻。
所向无空阔,真堪托死生。
骁腾有如此,万里可横行。

译文

房兵曹的马是著名的大宛马,瘦骨棱棱,好比刀锋。
两耳尖锐,如同削竹,四蹄轻快,犹如劲风。
所向之地,空阔广漠,不怕险阻,可托生死。
有如此奔腾快捷的良马,足可横行万里之外。

前出塞（其六）

（唐）杜甫

挽弓当挽强，用箭当用长。

射人先射马，擒贼先擒王。

杀人亦有限，列国自有疆。

苟能制侵陵，岂在多杀伤。

译文

拉弓要拉最坚硬的，射箭要射最长的。

射人先要射马，擒贼先要擒住他们的首领。

杀人要有限制，各个国家都有边界。

只要能够制止敌人的侵犯就可以了，难道打仗就是为了多杀人吗？

客　至

（唐）杜甫

舍南舍北皆春水，但见群鸥日日来。

花径不曾缘客扫，蓬门今始为君开。

盘飧市远无兼味，樽酒家贫只旧醅。

肯与邻翁相对饮，隔篱呼取尽余杯。

译文

草堂的南北涨满了春水，只见鸥群日日结队飞来。

老夫不曾为客扫过花径，今天才为您扫，这柴门不曾为客开过，今天为您打开。

离市太远盘中没有好菜肴，家底太薄只有陈酒招待。

若肯邀请隔壁的老翁一同对饮，隔着篱笆唤来喝尽余杯！

牧 童

（唐）吕岩

草铺横野六七里，笛弄晚风三四声。
归来饱饭黄昏后，不脱蓑衣卧月明。

译 文

青草像被谁铺开在地上一样，方圆六七里都是草地。晚风中隐约传来三四声牧童悠扬的笛声。

牧童放牧归来，在吃饱晚饭后的黄昏时分，他连蓑衣都没脱，就愉快地躺在草地上看天空中的明月。

碛中作

（唐）岑参

走马西来欲到天，辞家见月两回圆。
今夜不知何处宿，平沙万里绝人烟。

译 文

骑马向西走几乎来到天边，离家以后已见到两次月圆。
今夜不知道到哪里去投宿，在这沙漠中万里不见人烟。

宿石邑山中

（唐）韩翃

浮云不共此山齐，山霭苍苍望转迷。
晓月暂飞高树里，秋河隔在数峰西。

译 文

> 天上的浮云不能与此山齐平,山峦云雾苍苍,从远处眺望反而更加迷离。
>
> 拂晓弯月暂时飞隐到高树里,秋夜的银河被千万座山峰阻隔在了西边的天上。

江村即事

(唐)司空曙

钓罢归来不系船,江村月落正堪眠。

纵然一夜风吹去,只在芦花浅水边。

译 文

> 垂钓归来,却懒得把缆绳系上,任渔船随风飘荡。此时残月已经西沉,正好安然入睡。
>
> 即使夜里起风,小船被风吹走,大不了也只是停搁在芦花滩畔、浅水岸边罢了。

秋 思

(唐)张籍

洛阳城里见秋风,欲作家书意万重。

复恐匆匆说不尽,行人临发又开封。

译 文

> 看到洛阳城里刮起的秋风,引起了对家人的思念,想写一封家书来表达自己思乡怀亲的心情。
>
> 可是要说的话太多了,心事永远说不尽,无奈太匆匆。捎信人即将出发,我又拆开了信封,检查有没有说全自己的心事。

竹枝词

（唐）刘禹锡

杨柳青青江水平,闻郎江上唱歌声。
东边日出西边雨,道是无晴却有晴。

译文

江边的杨柳青青,垂着绿色枝条,水面一片平静。忽然听到江面上情郎唱歌的声音。

东边出着太阳,西边还下着雨,说是无晴(情),其实是有晴(情)。

乌衣巷

（唐）刘禹锡

朱雀桥边野草花,乌衣巷口夕阳斜。
旧时王谢堂前燕,飞入寻常百姓家。

译文

朱雀桥边冷落荒凉长满野草野花,乌衣巷口断壁残垣唯有夕阳斜挂。

当年王导、谢安檐下的燕子,如今已飞进寻常百姓家中。

浪淘沙

（唐）白居易

白浪茫茫与海连,平沙浩浩四无边。
暮去朝来淘不住,遂令东海变桑田。

译文

白浪一望无边与海相连,岸边的沙子也是一望无际。

日复一日,年复一年,海浪从不停歇地淘着沙子,于是沧海桑田的演变就这样出现。

鸟

（唐）白居易

谁道群生性命微？一般骨肉一般皮。

劝君莫打枝头鸟，子在巢中望母归。

译文

谁说这群小鸟的生命微小,它们与所有的生命一样都有血有肉。

劝你不要打枝头的鸟,幼鸟正在巢中等候着母鸟回来。

菊 花

（唐）元稹

秋丛绕舍似陶家,遍绕篱边日渐斜。

不是花中偏爱菊,此花开尽更无花。

译文

一丛一丛的秋菊环绕着房屋,看起来好似诗人陶渊明的家。绕着篱笆观赏菊花,不知不觉太阳已经快落山了。

不是因为百花中偏爱菊花,只是因为菊花开过之后再无花可赏。

寄扬州韩绰判官

（唐）杜牧

青山隐隐水迢迢，秋尽江南草未凋。
二十四桥明月夜，玉人何处教吹箫？

译文

青山隐隐起伏，江流千里迢迢。时令已过深秋，江南草木尚未凋谢。
扬州的二十四桥在月色中显得格外妖娆。你在何处教人吹箫呢？

过分水岭

（唐）温庭筠

溪水无情似有情，入山三日得同行。
岭头便是分头处，惜别潺湲一夜声。

译文

溪水奔流，看上去无情却有情，进入山中三天，溪水总是伴着我前行。
登上岭头，就要和溪水分头而行，听到流水一夜潺湲作响如同深情的惜别之声。

乐游原

（唐）李商隐

向晚意不适，驱车登古原。
夕阳无限好，只是近黄昏。

译 文

临近傍晚时分,觉得心情不太舒畅,驾车登上乐游原,想把烦恼遣散。

夕阳无限美好,只是将近黄昏,美好时光终究短暂。

天竺寺八月十五日夜桂子

(唐)皮日休

玉颗珊珊下月轮,殿前拾得露华新。

至今不会天中事,应是嫦娥掷与人。

译 文

零落的桂花瓣,如同一颗颗玉珠从月亮里面撒落下来,我走到大殿前捡起它们,发现花瓣上面还有星星点点刚刚凝结起来的露水。

到现在,我还不知道天上到底发生了什么事。这些桂花和桂花上的雨露,应该是广寒宫里的嫦娥撒落下来送给我们的吧。

北陂杏花

(宋)王安石

一陂春水绕花身,花影妖娆各占春。

纵被春风吹作雪,绝胜南陌碾成尘。

译 文

池塘中的春水环绕着杏花,花与水中的倒影各有千秋。

即使被春风像雪一样吹落,也胜过落在南边小路上被碾作尘土。

登飞来峰

（宋）王安石

飞来山上千寻塔，闻说鸡鸣见日升。
不畏浮云遮望眼，自缘身在最高层。

译 文

高高的飞来峰上耸立着千丈高塔，听说每当清晨雄鸡报晓的时候，在塔上就可以看到红日初升。

登上去就不怕浮云遮住远望的视线，这自然是因为站在了最高层。

春日偶成

（宋）程颢

云淡风轻近午天，傍花随柳过前川。
时人不识余心乐，将谓偷闲学少年。

译 文

淡淡的云在天上飘，风儿吹拂着我的脸庞，此时此刻已近正午，阳光温暖极了。我傍着花，随着柳，不知不觉间来到了前面的河边。

时人不理解我此时此刻内心的快乐，还以为我在学年轻人的样子，趁着大好时光忙里偷闲玩耍呢。

如梦令

（宋）李清照

常记溪亭日暮，沉醉不知归路。兴尽晚回舟，误入藕花深处。争渡，争渡，惊起一滩鸥鹭。

译 文

　　时常记起那次在溪边亭中玩到日暮时分,沉醉其中忘记了回家的路。(我们)尽情地游赏够了,在天色已晚的时候,方才划着船回去,不料却误入了荷花的深处。奋力把船划出去,奋力把船划出去,惊起了沙滩上的鸥鹭。

游山西村

(宋)陆游

莫笑农家腊酒浑,丰年留客足鸡豚。
山重水复疑无路,柳暗花明又一村。
箫鼓追随春社近,衣冠简朴古风存。
从今若许闲乘月,拄杖无时夜叩门。

译 文

　　不要笑话农家的酒浑,丰收之年有丰足的佳肴款待客人。
　　当山和水不断出现在我眼前,我正疑惑无路可行时,忽见柳色浓绿,花色明丽,一个村庄出现在眼前。
　　吹箫击鼓,结队喜庆,春社祭日已临近,布衣素冠,简朴的古风依旧保存。
　　从今后,如果允许在晚上闲逛,那么我将拄着拐杖,不定时地在夜晚敲响农家朋友的门。

冬夜读书示子聿

(宋)陆游

古人学问无遗力,少壮工夫老始成。
纸上得来终觉浅,绝知此事要躬行。

译文

古人做学问总是不遗余力的,青少年时肯下功夫到老才能有所成就。

书本上得来的知识毕竟比较浅显,要想透彻地认识事物还必须亲身实践。

卜算子·咏梅

（宋）陆游

驿外断桥边,寂寞开无主。已是黄昏独自愁,更著风和雨。

无意苦争春,一任群芳妒。零落成泥碾作尘,只有香如故。

译文

驿站之外的断桥边,梅花孤单寂寞地绽放,无人过问。暮色降临,梅花无依无靠,已经够愁苦了,却又遭到了风雨的摧残。

梅花并不想费尽心思去斗艳争宠,对百花的妒忌与排斥也毫不在乎。即使凋零落下化作泥土,或被碾作尘土了,梅花依然和往常一样散发出缕缕清香。

舟过安仁

（宋）杨万里

一叶渔船两小童,收篙停棹坐船中。

怪生无雨都张伞,不是遮头是使风。

译文

水面上,有两个小孩子划着很小的渔船,不一会儿,他们俩把撑船用的竹竿和划船的桨都收了起来。

奇怪的是天上没有下雨,他们却都张着伞,原来他们是借助伞利用风让船前进啊!

新　柳

（宋）杨万里

柳条百尺拂银塘，且莫深青只浅黄。
未必柳条能蘸水，水中柳影引他长。

译文

长长的柳条轻拂过闪耀着银光的水塘，柳色尚且还不是深青的，只是浅浅的黄。柳条未必能蘸到水，水中的柳影将它拉长了。

约　客

（宋）赵师秀

黄梅时节家家雨，青草池塘处处蛙。
有约不来过夜半，闲敲棋子落灯花。

译文

梅子黄时，家家都被笼罩在雨中，长满青草的池塘边上，传来阵阵蛙声。时已过午夜，已约请好的客人还没有来，诗人无聊地轻敲棋子，震落了灯花。

天净沙·秋

（元）白朴

孤村落日残霞，轻烟老树寒鸦，一点飞鸿影下。青山绿水，白草红叶黄花。

译文

太阳渐渐西沉，已衔着西山了，天边的晚霞也逐渐开始消散，只残留有几分黯淡的色彩，映照着远处孤寂的村庄。轻烟淡淡飘向空中，几只乌鸦栖息在佝偻的老树上，远处的一只大雁飞掠而下,划过天际。青山、绿水、白草、红叶、黄花互相夹杂,好一幅色彩绚丽的秋景图。

塞鸿秋·浔阳即景

(元)周德清

长江万里白如练,淮山数点青如淀。江帆几片疾如箭,山泉千尺飞如电。晚云都变露,新月初学扇。塞鸿一字来如线。

译 文

万里长江犹如一条长长的白色绸缎伸向远方,淮河两岸青翠的远山连绵起伏。江上的片片帆船急速地行驶着,如同离弦的箭;山上的清泉从高耸陡峭的悬崖上飞奔而下,仿佛迅捷的闪电。晚霞收尽,天气变凉,水汽凝成了白色的露珠,一弯新月宛若刚刚展开的扇子。从塞外归来的大雁在高高的天上一字排开,宛如一条细细的银线。

明日歌(节选)

(清)钱福

明日复明日,明日何其多。

我生待明日,万事成蹉跎。

世人苦被明日累,春去秋来老将至。

朝看水东流,暮看日西坠。

百年明日能几何?请君听我明日歌。

译 文

一个明天接着又是一个明天,明天是何等多啊!

可是人的一生如果在等待中度过,那么,他将虚度光阴,一事无成。

世上的人们如果被明日所羁绊,则年复一年,光阴飞逝,暮年将会在不知不觉中到来。

早晨看河水东流而去,傍晚看夕阳西下,一日之中无所事事。

百年之中又能有多少个明日呢? 请大家听一听我的明日歌吧。

题秋江独钓图

（清）王士慎

一蓑一笠一扁舟,一丈丝纶一寸钩。
一曲高歌一樽酒,一人独钓一江秋。

译文

戴着一顶斗笠披着一件蓑衣坐在一只小船上,一丈长的渔线一寸长的鱼钩。
高声唱一首渔歌喝一樽酒,一个人在这秋天的江上独自垂钓。

墨竹图题诗

（清）郑燮

衙斋卧听萧萧竹,疑是民间疾苦声。
些小吾曹州县吏,一枝一叶总关情。

译文

躺在衙门的书房里静听着竹叶沙沙响动,总感觉是民间百姓啼饥号寒的怨声。
我们虽然只是小小的州县官吏,但老百姓的一举一动就像衙门卧室外竹子的一枝一叶,都牵动着我们的感情。

题画兰

（清）郑燮

身在千山顶上头，突岩深缝妙香稠。

非无脚下浮云闹，来不相知去不留。

译文

兰花生长在山岩的顶处，它的香气飘散四溢，在突出的岩石和岩缝中，美妙的花香浓郁芬芳。

不是脚下没有浮云翻滚的喧闹，只是兰花不愿去理睬它们，不知道它们什么时候来到，更不会在它们离去时挽留。

苍松怪石图题诗

（清）李方膺

君不见，岁之寒，何处求芳草。

又不见，松之乔，青青复矫矫。

天地本无心，万物贵其真。

直干壮川岳，秀色无等伦。

饱历冰与霜，千年方未已。

拥护天阙高且坚，迥干春风碧云里。

译文

您难道没看到吗？在严寒的季节，哪里也找不到青青碧草。

您难道没看到吗？那松树高高挺立着，苍翠挺拔。

天地之间，万物最可贵之处在于保持质朴本色。

枝干挺直使山峰更加雄壮，天地中所有秀丽的景色都无法与它相比。

即使饱经风霜和冰雪，也永远那样苍劲。

松树挺拔的身姿直插云天，那弯曲苍劲的枝干一直伸向碧空，迎接春天的到来。

湖上杂诗

（清）袁枚

葛岭花开二月天，游人来往说神仙。

老夫心与游人异，不羡神仙羡少年。

译文

葛岭的花在二月时分已开放，一路上游人络绎不绝，都说想做神仙。

而我的心境与他们的不一样，我一点也不羡慕神仙，只羡慕那些少年。

别　母

（清）汪中

细雨春灯夜欲分，白头闲坐话艰辛。

出门便是天涯路，明日思亲梦里人。

译文

春天的一个夜晚，窗外下着细雨，要到半夜了，白头的亲人闲坐在屋里，诉说着生活的艰辛。

一旦出门，就要去一个很遥远的地方，明日再思念我的亲人便只能在梦里相见了。

三、诗词佳句归类

（一）抒发内心情感的诗句

1. 抒发爱国之情

捐躯赴国难，视死忽如归。

——（三国·魏）曹植《白马篇》

但使龙城飞将在，不教胡马度阴山。

——（唐）王昌龄《出塞》

王师北定中原日，家祭无忘告乃翁。

——（宋）陆游《示儿》

人生自古谁无死，留取丹心照汗青！

——（宋）文天祥《过零丁洋》

一寸丹心图报国，两行清泪为思亲。

——（明）于谦《立春日感怀》

苟利国家生死以，岂因祸福避趋之？

——（清）林则徐《赴戍登程口占示家人》

我自横刀向天笑，去留肝胆两昆仑。

——（清）谭嗣同《狱中题壁》

2. 表达思乡之情

不知何处吹芦管，一夜征人尽望乡。

——（唐）李益《夜上受降城闻笛》

海上生明月，天涯共此时。

——（唐）张九龄《望月怀远》

悠悠天宇旷，切切故乡情。

——（唐）张九龄《西江夜行》

独在异乡为异客，每逢佳节倍思亲。

——（唐）王维《九月九日忆山东兄弟》

举头望明月，低头思故乡。

——（唐）李白《静夜思》

此夜曲中闻折柳，何人不起故园情！

——（唐）李白《春夜洛城闻笛》

露从今夜白，月是故乡明。

——（唐）杜甫《月夜忆舍弟》

故园东望路漫漫,双袖龙钟泪不干。

——(唐)岑参《逢入京使》

家在梦中何日到,春生江上几人还。

——(唐)卢纶《长安春望》

春风又绿江南岸,明月何时照我还。

——(宋)王安石《泊船瓜洲》

风一更,雪一更,聒碎乡心梦不成,故园无此声。

——(清)纳兰性德《长相思》

明月有情应识我,年年相见在他乡。

——(清)袁枚《随园诗话》

3. 描写朋友送别之情

海内存知己,天涯若比邻。

——(唐)王勃《送杜少府之任蜀州》

劝君更尽一杯酒,西出阳关无故人。

——(唐)王维《送元二使安西》

桃花潭水深千尺,不及汪伦送我情。

——(唐)李白《赠汪伦》

浮云游子意,落日故人情。

——(唐)李白《送友人》

莫愁前路无知己,天下谁人不识君。

——(唐)高适《别董大》

又送王孙去,萋萋满别情。

——(唐)白居易《赋得古原草送别》

4. 描写家人亲情

慈母手中线,游子身上衣。

——(唐)孟郊《游子吟》

但愿人长久，千里共婵娟。

——（宋）苏轼《水调歌头》

醉里吴音相媚好，白发谁家翁媪？

——（宋）辛弃疾《清平乐·村居》

5. 劝人珍惜时间

少壮不努力，老大徒伤悲。

——（汉）乐府民歌《长歌行》

黑发不知勤学早，白首方悔读书迟。

——（唐）颜真卿《劝学》

策马前途须努力，莫学龙钟虚叹息。

——（唐）李涉《岳阳别张祜》

少年辛苦终身事，莫向光阴惰寸功。

——（唐）杜荀鹤《题弟侄书堂》

有花堪折直须折，莫待无花空折枝。

——（唐）无名氏《金缕衣》

少年易老学难成，一寸光阴不可轻。

——（宋）朱熹《偶成》

我生待明日，万事成蹉跎。

——（清）钱福《明日歌》

6. 表现儿童生活情趣

小娃撑小艇，偷采白莲回。

——（唐）白居易《池上》

归来饱饭黄昏后，不脱蓑衣卧月明。

——（唐）吕岩《牧童》

童孙未解供耕织，也傍桑阴学种瓜。

——（宋）范成大《四时田园杂兴（其三十一）》

儿童急走追黄蝶，飞入菜花无处寻。

——（宋）杨万里《宿新市徐公店》

最喜小儿亡赖，溪头卧剥莲蓬。

——（宋）辛弃疾《清平乐·村居》

知有儿童挑促织，夜深篱落一灯明。

——（宋）叶绍翁《夜书所见》

牧童归去横牛背，短笛无腔信口吹。

——（宋）雷震《村晚》

儿童散学归来早，忙趁东风放纸鸢。

——（清）高鼎《村居》

牧童骑黄牛，歌声振林樾。

——（清）袁枚《所见》

7. 劝人学习

少壮不努力，老大徒伤悲。

——（汉）乐府民歌《长歌行》

三更灯火五更鸡，正是男儿读书时。

——（唐）颜真卿《劝学》

旧书不厌百回读，熟读深思子自知。

——（宋）苏轼《送安惇秀才失解西归》

古人学问无遗力，少壮工夫老始成。

——（宋）陆游《冬夜读书示子聿》

8. 关注百姓疾苦

四海无闲田，农夫犹饿死。

——（唐）李绅《悯农（其一）》

谁知盘中餐，粒粒皆辛苦。

——（唐）李绅《悯农（其二）》

君看一叶舟,出没风波里。

——(宋)范仲淹《江上渔者》

陶尽门前土,屋上无片瓦。

——(宋)梅尧臣《陶者》

9. 描写边塞或军旅生活

大漠孤烟直,长河落日圆。

——(唐)王维《使至塞上》

羌笛何须怨杨柳,春风不度玉门关。

——(唐)王之涣《凉州词》

秦时明月汉时关,万里长征人未还。

——(唐)王昌龄《出塞》

醉卧沙场君莫笑,古来征战几人回?

——(唐)王翰《凉州词》

北风卷地白草折,胡天八月即飞雪。

——(唐)岑参《白雪歌送武判官归京》

10. 述志抒怀

路漫漫其修远兮,吾将上下而求索。

——(战国·楚)屈原《离骚》

老骥伏枥,志在千里;烈士暮年,壮心不已。

——(三国·魏)曹操《龟虽寿》

黄沙百战穿金甲,不破楼兰终不还。

——(唐)王昌龄《从军行》

天生我材必有用,千金散尽还复来。

——(唐)李白《将进酒》

长风破浪会有时,直挂云帆济沧海!

——(唐)李白《行路难》

十年磨一剑，霜刃未曾试。

——（唐）贾岛《剑客》

何当金络脑，快走踏清秋。

——（唐）李贺《马诗》

始知锁向金笼听，不及林间自在啼。

——（宋）欧阳修《画眉鸟》

生当作人杰，死亦为鬼雄。

——（宋）李清照《夏日绝句》

我劝天公重抖擞，不拘一格降人才。

——（清）龚自珍《己亥杂诗》

11. 托物言志

洛阳亲友如相问，一片冰心在玉壶。

——（唐）王昌龄《芙蓉楼送辛渐》

春蚕到死丝方尽，蜡炬成灰泪始干。

——（唐）李商隐《无题》

采得百花成蜜后，为谁辛苦为谁甜？

——（唐）罗隐《蜂》

不要人夸好颜色，只留清气满乾坤。

——（元）王冕《墨梅图题诗》

粉骨碎身浑不怕，要留清白在人间。

——（明）于谦《石灰吟》

千磨万击还坚劲，任尔东西南北风。

——（清）郑燮《竹石》

些小吾曹州县吏，一枝一叶总关情。

——（清）郑燮《墨竹图题诗》

12. 借古讽今

南朝四百八十寺,多少楼台烟雨中。

——(唐)杜牧《江南春》

山外青山楼外楼,西湖歌舞几时休!

——(宋)林升《题临安邸》

13. 借景抒情

孤帆远影碧空尽,唯见长江天际流。

——(唐)李白《黄鹤楼送孟浩然之广陵》

最是一年春好处,绝胜烟柳满皇都。

——(唐)韩愈《早春呈水部张十八员外》

春风又绿江南岸,明月何时照我还。

——(宋)王安石《泊船瓜洲》

等闲识得东风面,万紫千红总是春。

——(宋)朱熹《春日》

春色满园关不住,一枝红杏出墙来。

——(宋)叶绍翁《游园不值》

14. 描写神情

(1)兴奋:

却看妻子愁何在,漫卷诗书喜欲狂。

——(唐)杜甫《闻官军收河南河北》

春风得意马蹄疾,一日看尽长安花。

——(唐)孟郊《登科后》

(2)思念:

夜发清溪向三峡,思君不见下渝州。

——(唐)李白《峨眉山月歌》

衣带渐宽终不悔,为伊消得人憔悴。

——(宋)柳永《蝶恋花》

(3)悠闲:

采菊东篱下,悠然见南山。

——(晋)陶渊明《饮酒》

时人不识余心乐,将谓偷闲学少年。

——(宋)程颢《春日偶成》

一曲高歌一樽酒,一人独钓一江秋。

——(清)王士稹《题秋江独钓图》

(4)忧愁:

移舟泊烟渚,日暮客愁新。

——(唐)孟浩然《宿建德江》

撩乱边愁听不尽,高高秋月照长城。

——(唐)王昌龄《从军行》

抽刀断水水更流,举杯销愁愁更愁。

——(唐)李白《宣州谢朓楼饯别校书叔云》

月落乌啼霜满天,江枫渔火对愁眠。

——(唐)张继《枫桥夜泊》

问君能有几多愁,恰似一江春水向东流。

——(五代·南唐)李煜《虞美人》

(5)悲伤:

念天地之悠悠,独怆然而涕下!

——(唐)陈子昂《登幽州台歌》

死去元知万事空,但悲不见九州同。

——(宋)陆游《示儿》

(6)斥责:

商女不知亡国恨,隔江犹唱后庭花。

——(唐)杜牧《泊秦淮》

暖风熏得游人醉，直把杭州作汴州。

——（宋）林升《题临安邸》

（7）惆怅：

夕阳无限好，只是近黄昏。

——（唐）李商隐《乐游原》

（二）描写自然风光的诗句

1. 诗中月

春江潮水连海平，海上明月共潮生。

——（唐）张若虚《春江花月夜》

江天一色无纤尘，皎皎空中孤月轮。

——（唐）张若虚《春江花月夜》

海上生明月，天涯共此时。

——（唐）张九龄《望月怀远》

野旷天低树，江清月近人。

——（唐）孟浩然《宿建德江》

秦时明月汉时关，万里长征人未还。

——（唐）王昌龄《出塞》

深林人不知，明月来相照。

——（唐）王维《竹里馆》

明月松间照，清泉石上流。

——（唐）王维《山居秋暝》

举头望明月，低头思故乡。

——（唐）李白《静夜思》

赧郎明月夜，歌曲动寒川。

——（唐）李白《秋浦歌》

举杯邀明月，对影成三人。

——（唐）李白《月下独酌》

峨眉山月半轮秋，影入平羌江水流。

————（唐）李白《峨眉山月歌》

露从今夜白，月是故乡明。

————（唐）杜甫《月夜忆舍弟》

更深月色半人家，北斗阑干南斗斜。

————（唐）刘方平《月夜》

月落乌啼霜满天，江枫渔火对愁眠。

————（唐）张继《枫桥夜泊》

月黑雁飞高，单于夜遁逃。

————（唐）卢纶《塞下曲》

湖光秋月两相和，潭面无风镜未磨。

————（唐）刘禹锡《望洞庭》

玉颗珊珊下月轮，殿前拾得露华新。

————（唐）皮日休《天竺寺八月十五日夜桂子》

明月几时有？把酒问青天。

————（宋）苏轼《水调歌头》

明月别枝惊鹊，清风半夜鸣蝉。

————（宋）辛弃疾《西江月·夜行黄沙道中》

2. 诗中日

白日依山尽，黄河入海流。

————（唐）王之涣《登鹳雀楼》

大漠孤烟直，长河落日圆。

————（唐）王维《使至塞上》

日照香炉生紫烟，遥看瀑布挂前川。

————（唐）李白《望庐山瀑布》

两岸青山相对出，孤帆一片日边来。

————（唐）李白《望天门山》

日暮苍山远,天寒白屋贫。

——(唐)刘长卿《逢雪宿芙蓉山主人》

清晨入古寺,初日照高林。

——(唐)常建《题破山寺后禅院》

一道残阳铺水中,半江瑟瑟半江红。

——(唐)白居易《暮江吟》

日出江花红胜火,春来江水绿如蓝。

——(唐)白居易《忆江南》

夕阳无限好,只是近黄昏。

——(唐)李商隐《乐游原》

孤村落日残霞,轻烟老树寒鸦,一点飞鸿影下。

——(元)白朴《天净沙·秋》

3. 诗中星

迢迢牵牛星,皎皎河汉女。

——(汉)佚名《迢迢牵牛星》

危楼高百尺,手可摘星辰。

——(唐)李白《夜宿山寺》

星垂平野阔,月涌大江流。

——(唐)杜甫《旅夜书怀》

天阶夜色凉如水,坐看牵牛织女星。

——(唐)杜牧《秋夕》

云母屏风烛影深,长河渐落晓星沉。

——(唐)李商隐《嫦娥》

天接云涛连晓雾,星河欲转千帆舞。

——(宋)李清照《渔家傲》

七八个星天外,两三点雨山前。

——(宋)辛弃疾《西江月·夜行黄沙道中》

4. 诗中云

黄河远上白云间，一片孤城万仞山。

——（唐）王之涣《凉州词》

浮云游子意，落日故人情。

——（唐）李白《送友人》

朝辞白帝彩云间，千里江陵一日还。

——（唐）李白《早发白帝城》

众鸟高飞尽，孤云独去闲。

——（唐）李白《独坐敬亭山》

野径云俱黑，江船火独明。

——（唐）杜甫《春夜喜雨》

孤山寺北贾亭西，水面初平云脚低。

——（唐）白居易《钱塘湖春行》

只在此山中，云深不知处。

——（唐）贾岛《寻隐者不遇》

远上寒山石径斜，白云生处有人家。

——（唐）杜牧《山行》

黑云压城城欲摧，甲光向日金鳞开。

——（唐）李贺《雁门太守行》

不畏浮云遮望眼，只缘身在最高层。

——（宋）王安石《登飞来峰》

黑云翻墨未遮山，白雨跳珠乱入船。

——（宋）苏轼《六月二十七日望湖楼醉书（其一）》

卧看满天云不动，不知云与我俱东。

——（宋）陈与义《襄邑道中》

半亩方塘一鉴开，天光云影共徘徊。

——（宋）朱熹《观书有感（其一）》

5. 诗中风

不知细叶谁裁出,二月春风似剪刀。

——(唐)贺知章《咏柳》

羌笛何须怨杨柳,春风不度玉门关。

——(唐)王之涣《凉州词》

夜来风雨声,花落知多少。

——(唐)孟浩然《春晓》

千里黄云白日曛,北风吹雁雪纷纷。

——(唐)高适《别董大》

柴门闻犬吠,风雪夜归人。

——(唐)刘长卿《逢雪宿芙蓉山主人》

随风潜入夜,润物细无声。

——(唐)杜甫《春夜喜雨》

林暗草惊风,将军夜引弓。

——(唐)卢纶《塞下曲》

春风得意马蹄疾,一日看尽长安花。

——(唐)孟郊《登科后》

人面不知何处去,桃花依旧笑春风。

——(唐)崔护《题都城南庄》

九曲黄河万里沙,浪淘风簸自天涯。

——(唐)刘禹锡《浪淘沙》

野火烧不尽,春风吹又生。

——(唐)白居易《赋得古原草送别》

相见时难别亦难,东风无力百花残。

——(唐)李商隐《无题》

沾衣欲湿杏花雨,吹面不寒杨柳风。

——(宋)志南《绝句》

儿童散学归来早,忙趁东风放纸鸢。

———(清)高鼎《村居》

6.诗中雨

夜来风雨声,花落知多少。

———(唐)孟浩然《春晓》

寒雨连江夜入吴,平明送客楚山孤。

———(唐)王昌龄《芙蓉楼送辛渐》

空山新雨后,天气晚来秋。

———(唐)王维《山居秋暝》

渭城朝雨浥轻尘,客舍青青柳色新。

———(唐)王维《送元二使安西》

好雨知时节,当春乃发生。

———(唐)杜甫《春夜喜雨》

青箬笠,绿蓑衣,斜风细雨不须归。

———(唐)张志和《渔歌子》

春潮带雨晚来急,野渡无人舟自横。

———(唐)韦应物《滁州西涧》

天街小雨润如酥,草色遥看近却无。

———(唐)韩愈《早春呈水部张十八员外》

东边日出西边雨,道是无晴却有晴。

———(唐)刘禹锡《竹枝词》

南朝四百八十寺,多少楼台烟雨中。

———(唐)杜牧《江南春》

清明时节雨纷纷,路上行人欲断魂。

———(唐)杜牧《清明》

何当共剪西窗烛,却话巴山夜雨时。

———(唐)李商隐《夜雨寄北》

水光潋滟晴方好，山色空蒙雨亦奇。

　　　　　　　　——(宋)苏轼《饮湖上初晴后雨》

沾衣欲湿杏花雨，吹面不寒杨柳风。

　　　　　　　　——(宋)志南《绝句》

夜阑卧听风吹雨，铁马冰河入梦来。

　　　　　　　　——(宋)陆游《十一月四日风雨大作》

7. 诗中雪

青海长云暗雪山，孤城遥望玉门关。

　　　　　　　　——(唐)王昌龄《从军行》

燕山雪花大如席，片片吹落轩辕台。

　　　　　　　　——(唐)李白《北风行》

柴门闻犬吠，风雪夜归人。

　　　　　　　　——(唐)刘长卿《逢雪宿芙蓉山主人》

窗含西岭千秋雪，门泊东吴万里船。

　　　　　　　　——(唐)杜甫《绝句》

北风卷地白草折，胡天八月即飞雪。

　　　　　　　　——(唐)岑参《白雪歌送武判官归京》

欲将轻骑逐，大雪满弓刀。

　　　　　　　　——(唐)卢纶《塞下曲》

孤舟蓑笠翁，独钓寒江雪。

　　　　　　　　——(唐)柳宗元《江雪》

遥知不是雪，为有暗香来。

　　　　　　　　——(宋)王安石《梅花》

8. 诗中霜露

露从今夜白，月是故乡明。

　　　　　　　　——(唐)杜甫《月夜忆舍弟》

月落乌啼霜满天,江枫渔火对愁眠。

——(唐)张继《枫桥夜泊》

可怜九月初三夜,露似真珠月似弓。

——(唐)白居易《暮江吟》

鸡声茅店月,人迹板桥霜。

——(唐)温庭筠《商山早行》

9. 诗中鸟

山气日夕佳,飞鸟相与还。

——(晋)陶渊明《饮酒》

蝉噪林逾静,鸟鸣山更幽。

——(南朝·梁)王籍《入若耶溪》

春眠不觉晓,处处闻啼鸟。

——(唐)孟浩然《春晓》

月出惊山鸟,时鸣春涧中。

——(唐)王维《鸟鸣涧》

万壑树参天,千山响杜鹃。

——(唐)王维《送梓州李使君》

漠漠水田飞白鹭,阴阴夏木啭黄鹂。

——(唐)王维《积雨辋川庄作》

众鸟高飞尽,孤云独去闲。

——(唐)李白《独坐敬亭山》

黄鹤一去不复返,白云千载空悠悠。

——(唐)崔颢《黄鹤楼》

两个黄鹂鸣翠柳,一行白鹭上青天。

——(唐)杜甫《绝句》

江碧鸟逾白,山青花欲燃。

——(唐)杜甫《绝句》

泥融飞燕子,沙暖睡鸳鸯。

——(唐)杜甫《绝句》

感时花溅泪,恨别鸟惊心。

——(唐)杜甫《春望》

西塞山前白鹭飞,桃花流水鳜鱼肥。

——(唐)张志和《渔歌子》

独怜幽草涧边生,上有黄鹂深树鸣。

——(唐)韦应物《滁州西涧》

旧时王谢堂前燕,飞入寻常百姓家。

——(唐)刘禹锡《乌衣巷》

晴空一鹤排云上,便引诗情到碧霄。

——(唐)刘禹锡《秋词》

劝君莫打枝头鸟,子在巢中望母归。

——(唐)白居易《鸟》

几处早莺争暖树,谁家新燕啄春泥。

——(唐)白居易《钱塘湖春行》

千山鸟飞绝,万径人踪灭。

——(唐)柳宗元《江雪》

鸟宿池边树,僧敲月下门。

——(唐)贾岛《题李凝幽居》

千里莺啼绿映红,水村山郭酒旗风。

——(唐)杜牧《江南春》

池上碧苔三四点,叶底黄鹂一两声。

——(宋)晏殊《破阵子》

无可奈何花落去,似曾相识燕归来。

——(宋)晏殊《浣溪沙》

双飞燕子几时回?夹岸桃花蘸水开。

——(宋)徐俯《春游湖》

江晚正愁余,山深闻鹧鸪。

——(宋)辛弃疾《菩萨蛮·书江西造口壁》

绿遍山原白满川,子规声里雨如烟。

——(宋)翁卷《乡村四月》

孤村落日残霞,轻烟老树寒鸦,一点飞鸿影下。

——(元)白朴《天净沙·秋》

草长莺飞二月天,拂堤杨柳醉春烟。

——(清)高鼎《村居》

10. 诗中树

碧玉妆成一树高,万条垂下绿丝绦。

——(唐)贺知章《咏柳》

绿树村边合,青山郭外斜。

——(唐)孟浩然《过故人庄》

晴川历历汉阳树,芳草萋萋鹦鹉洲。

——(唐)崔颢《黄鹤楼》

忽如一夜春风来,千树万树梨花开。

——(唐)岑参《白雪歌送武判官归京》

独怜幽草涧边生,上有黄鹂深树鸣。

——(唐)韦应物《滁州西涧》

春风桃李花开日,秋雨梧桐叶落时。

——(唐)白居易《长恨歌》

松下问童子,言师采药去。

——(唐)贾岛《寻隐者不遇》

篱落疏疏一径深,树头花落未成阴。

——(宋)杨万里《宿新市徐公店》

泉眼无声惜细流,树阴照水爱晴柔。

——(宋)杨万里《小池》

草长莺飞二月天,拂堤杨柳醉春烟。

——(清)高鼎《村居》

11. 诗中叶

不知细叶谁裁出,二月春风似剪刀。

——(唐)贺知章《咏柳》

荷叶罗裙一色裁,芙蓉向脸两边开。

——(唐)王昌龄《采莲曲》

停车坐爱枫林晚,霜叶红于二月花。

——(唐)杜牧《山行》

12. 诗中花草

采菊东篱下,悠然见南山。

——(晋)陶渊明《饮酒》

人闲桂花落,夜静春山空。

——(唐)王维《鸟鸣涧》

桃花一簇开无主,可爱深红爱浅红?

——(唐)杜甫《江畔独步寻花》

迟日江山丽,春风花草香。

——(唐)杜甫《绝句》

晓看红湿处,花重锦官城。

——(唐)杜甫《春夜喜雨》

国破山河在,城春草木深。

——(唐)杜甫《春望》

人面不知何处去,桃花依旧笑春风。

——(唐)崔护《题都城南庄》

天街小雨润如酥,草色遥看近却无。

——(唐)韩愈《早春呈水部张十八员外》

惟有绿荷红菡萏,卷舒开合任天真。

——(唐)李商隐《赠荷花》

惟有牡丹真国色,花开时节动京城。

——(唐)刘禹锡《赏牡丹》

朱雀桥边野草花,乌衣巷口夕阳斜。

——(唐)刘禹锡《乌衣巷》

乱花渐欲迷人眼,浅草才能没马蹄。

——(唐)白居易《钱塘湖春行》

离离原上草,一岁一枯荣。

——(唐)白居易《赋得古原草送别》

不是花中偏爱菊,此花开尽更无花。

——(唐)元稹《菊花》

独怜幽草涧边生,上有黄鹂深树鸣。

——(唐)韦应物《滁州西涧》

墙角数枝梅,凌寒独自开。

——(宋)王安石《梅花》

竹外桃花三两枝,春江水暖鸭先知。

——(宋)苏轼《惠崇春江晚景》

荷尽已无擎雨盖,菊残犹有傲霜枝。

——(宋)苏轼《赠刘景文》

兴尽晚回舟,误入藕花深处。

——(宋)李清照《如梦令》

小楼一夜听春雨,深巷明朝卖杏花。

——(宋)陆游《临安春雨初霁》

梅子金黄杏子肥,麦花雪白菜花稀。

——(宋)范成大《四时田园杂兴(其二十五)》

接天莲叶无穷碧,映日荷花别样红。

——(宋)杨万里《晓出净慈寺送林子方》

儿童急走追黄蝶，飞入菜花无处寻。

————(宋)杨万里《宿新市徐公店》

江南几度梅花发，人在天涯鬓已斑。

————(金)刘著《鹧鸪天》

春色满园关不住，一枝红杏出墙来。

————(宋)叶绍翁《游园不值》

梅须逊雪三分白，雪却输梅一段香。

————(宋)卢梅坡《雪梅》

更无柳絮因风起，惟有葵花向日倾。

————(宋)司马光《客中初夏》

13. 诗中山

种豆南山下，草盛豆苗稀。

————(晋)陶渊明《归园田居》

白日依山尽，黄河入海流。

————(唐)王之涣《登鹳雀楼》

空山不见人，但闻人语响。

————(唐)王维《鹿柴》

明月出天山，苍茫云海间。

————(唐)李白《关山月》

相看两不厌，只有敬亭山。

————(唐)李白《独坐敬亭山》

会当凌绝顶，一览众山小。

————(唐)杜甫《望岳》

国破山河在，城春草木深。

————(唐)杜甫《春望》

千山鸟飞绝，万径人踪灭。

————(唐)柳宗元《江雪》

不识庐山真面目,只缘身在此山中。

——(宋)苏轼《题西林壁》

千锤万凿出深山,烈火焚烧若等闲。

——(明)于谦《石灰吟》

14. 诗中水

遥望洞庭山水翠,白银盘里一青螺。

——(唐)刘禹锡《望洞庭》

一水护田将绿绕,两山排闼送青来。

——(宋)王安石《书湖阴先生壁》

水光潋滟晴方好,山色空蒙雨亦奇。

——(宋)苏轼《饮湖上初晴后雨》

山重水复疑无路,柳暗花明又一村。

——(宋)陆游《游山西村》

15. 诗中名城

洛阳亲友如相问,一片冰心在玉壶。(洛阳)

——(唐)王昌龄《芙蓉楼送辛渐》

谁家玉笛暗飞声,散入春风满洛城。(洛阳)

——(唐)李白《春夜洛城闻笛》

晓看红湿处,花重锦官城。(成都)

——(唐)杜甫《春夜喜雨》

锦城丝管日纷纷,半入江风半入云。(成都)

——(唐)杜甫《赠花卿》

姑苏城外寒山寺,夜半钟声到客船。(苏州)

——(唐)张继《枫桥夜泊》

天下三分明月夜,二分无赖是扬州。(扬州)

——(唐)徐凝《忆扬州》

长安回望绣成堆，山顶千门次第开。（西安）

——（唐）杜牧《过华清宫》

暖风熏得游人醉，直把杭州作汴州。（杭州、开封）

——（宋）林升《题临安邸》

16．诗中楼阁

昔闻洞庭水，今上岳阳楼。（岳阳楼）

——（唐）杜甫《登岳阳楼》

欲穷千里目，更上一层楼。（鹳雀楼）

——（唐）王之涣《登鹳雀楼》

故人西辞黄鹤楼，烟花三月下扬州。（黄鹤楼）

——（唐）李白《黄鹤楼送孟浩然之广陵》

阁中帝子今何在？槛外长江空自流。（滕王阁）

——（唐）王勃《滕王阁诗》

17．描写春天景色

碧玉妆成一树高，万条垂下绿丝绦。

——（唐）贺知章《咏柳》

迟日江山丽，春风花草香。

——（唐）杜甫《绝句》

桃花一簇开无主，可爱深红爱浅红？

——（唐）杜甫《江畔独步寻花》

西塞山前白鹭飞，桃花流水鳜鱼肥。

——（唐）张志和《渔歌子》

杨花榆荚无才思，惟解漫天作雪飞。

——（唐）韩愈《晚春》

乱花渐欲迷人眼，浅草才能没马蹄。

——（唐）白居易《钱塘湖春行》

日出江花红胜火，春来江水绿如蓝。

——(唐)白居易《忆江南》

千里莺啼绿映红，水村山郭酒旗风。

——(唐)杜牧《江南春》

竹外桃花三两枝，春江水暖鸭先知。

——(宋)苏轼《惠崇春江晚景》

等闲识得东风面，万紫千红总是春。

——(宋)朱熹《春日》

春色满园关不住，一枝红杏出墙来。

——(宋)叶绍翁《游园不值》

草长莺飞二月天，拂堤杨柳醉春烟。

——(清)高鼎《村居》

18. 描写夏天景色

水光潋滟晴方好，山色空蒙雨亦奇。

——(宋)苏轼《饮湖上初晴后雨》

绿阴不减来时路，添得黄鹂四五声。

——(宋)曾几《三衢道中》

小荷才露尖尖角，早有蜻蜓立上头。

——(宋)杨万里《小池》

接天莲叶无穷碧，映日荷花别样红。

——(宋)杨万里《晓出净慈寺送林子方》

黄梅时节家家雨，青草池塘处处蛙。

——(宋)赵师秀《约客》

明月别枝惊鹊，清风半夜鸣蝉。

——(宋)辛弃疾《西江月·夜行黄沙道中》

19. 描写秋天景色

落霞与孤鹜齐飞,秋水共长天一色。

——(唐)王勃《滕王阁序》

空山新雨后,天气晚来秋。

——(唐)王维《山居秋暝》

湖光秋月两相和,潭面无风镜未磨。

——(唐)刘禹锡《望洞庭》

月落乌啼霜满天,江枫渔火对愁眠。

——(唐)张继《枫桥夜泊》

可怜九月初三夜,露似真珠月似弓。

——(唐)白居易《暮江吟》

停车坐爱枫林晚,霜叶红于二月花。

——(唐)杜牧《山行》

萧萧梧叶送寒声,江上秋风动客情。

——(宋)叶绍翁《夜书所见》

20. 描写冬天景色

千里黄云白日曛,北风吹雁雪纷纷。

——(唐)高适《别董大》

忽如一夜春风来,千树万树梨花开。

——(唐)岑参《白雪歌送武判官归京》

孤舟蓑笠翁,独钓寒江雪。

——(唐)柳宗元《江雪》

前村深雪里,昨夜一枝开。

——(唐)齐己《早梅》

腊后花期知渐近,寒梅已作东风信。

——(宋)晏殊《蝶恋花》

墙角数枝梅,凌寒独自开。

——(宋)王安石《梅花》

21. 描写田园风光

采菊东篱下,悠然见南山。

——(晋)陶渊明《饮酒》

绿树村边合,青山郭外斜。

——(唐)孟浩然《过故人庄》

一水护田将绿绕,两山排闼送青来。

——(宋)王安石《书湖阴先生壁》

绿遍山原白满川,子规声里雨如烟。

——(宋)翁卷《乡村四月》

22. 描写祖国名山

岱宗夫如何?齐鲁青未了。(泰山)

——(唐)杜甫《望岳》

东南倚盖卑,维岳资柱石。(衡山)

——(唐)刘禹锡《望衡山》

岩峦叠万重,诡怪浩难测。(恒山)

——(唐)贾岛《北岳庙》

只有天在上,更无山与齐。(华山)

——(宋)寇准《华山》

横看成岭侧成峰,远近高低各不同。(庐山)

——(宋)苏轼《题西林壁》

23. 描写长江

天门中断楚江开,碧水东流至此回。

——(唐)李白《望天门山》

无边落木萧萧下,不尽长江滚滚来。

——(唐)杜甫《登高》

孤帆远影碧空尽,唯见长江天际流。

——(唐)李白《黄鹤楼送孟浩然之广陵》

山随平野尽,江入大荒流。

——(唐)李白《渡荆门送别》

星垂平野阔,月涌大江流。

——(唐)杜甫《旅夜书怀》

大江东去,浪淘尽,千古风流人物。

——(宋)苏轼《念奴娇·赤壁怀古》

滚滚长江东逝水,浪花淘尽英雄。

——(明)杨慎《临江仙》

24. 描写黄河

黄河远上白云间,一片孤城万仞山。

——(唐)王之涣《凉州词》

白日依山尽,黄河入海流。

——(唐)王之涣《登鹳雀楼》

君不见黄河之水天上来,奔流到海不复回。

——(唐)李白《将进酒》

欲渡黄河冰塞川,将登太行雪满山。

——(唐)李白《行路难》

九曲黄河万里沙,浪淘风簸自天涯。

——(唐)刘禹锡《浪淘沙》

25. 描写湖海

水何澹澹,山岛竦峙。

——(三国·魏)曹操《观沧海》

遥望洞庭山水翠,白银盘里一青螺。

——(唐)刘禹锡《望洞庭》

春江潮水连海平,海上明月共潮生。

——(唐)张若虚《春江花月夜》

最爱湖东行不足,绿杨阴里白沙堤。

——(唐)白居易《钱塘湖春行》

欲把西湖比西子,淡妆浓抹总相宜。

——(宋)苏轼《饮湖上初晴后雨》

毕竟西湖六月中,风光不与四时同。

——(宋)杨万里《晓出净慈寺送林子方》

26. 描写山中寺庙

不知香积寺,数里入云峰。

——(唐)王维《过香积寺》

危楼高百尺,手可摘星辰。

——(唐)李白《夜宿山寺》

姑苏城外寒山寺,夜半钟声到客船。

——(唐)张继《枫桥夜泊》

曲径通幽处,禅房花木深。

——(唐)常建《题破山寺后禅院》

(三)按不同的修辞手法归类

1. 比喻

不知细叶谁裁出,二月春风似剪刀。

——(唐)贺知章《咏柳》

洛阳亲友如相问,一片冰心在玉壶。

——(唐)王昌龄《芙蓉楼送辛渐》

大弦嘈嘈如急雨,小弦切切如私语。

——(唐)白居易《琵琶行》

可怜九月初三夜，露似真珠月似弓。

——（唐）白居易《暮江吟》

忽如一夜春风来，千树万树梨花开。

——（唐）岑参《白雪歌送武判官归京》

大漠沙如雪，燕山月似钩。

——（唐）李贺《马诗》

问君能有几多愁，恰似一江春水向东流。

——（五代·南唐）李煜《虞美人》

水是眼波横，山是眉峰聚。

——（宋）王观《卜算子·送鲍浩然之浙东》

2. 拟人

羌笛何须怨杨柳，春风不度玉门关。

——（唐）王之涣《凉州词》

感时花溅泪，恨别鸟惊心。

——（唐）杜甫《春望》

随风潜入夜，润物细无声。

——（唐）杜甫《春夜喜雨》

留连戏蝶时时舞，自在娇莺恰恰啼。

——（唐）杜甫《江畔独步寻花》

人面不知何处去，桃花依旧笑春风。

——（唐）崔护《题都城南庄》

蜡烛有心还惜别，替人垂泪到天明。

——（唐）杜牧《赠别》

3. 夸张

危楼高百尺，手可摘星辰。

——（唐）李白《夜宿山寺》

白发三千丈,缘愁似个长?

——(唐)李白《秋浦歌》

飞流直下三千尺,疑是银河落九天。

——(唐)李白《望庐山瀑布》

两岸猿声啼不住,轻舟已过万重山。

——(唐)李白《早发白帝城》

桃花潭水深千尺,不及汪伦送我情。

——(唐)李白《赠汪伦》

千山鸟飞绝,万径人踪灭。

——(唐)柳宗元《江雪》

4. 对偶

白日依山尽,黄河入海流。

——(唐)王之涣《登鹳雀楼》

明月松间照,清泉石上流。

——(唐)王维《山居秋暝》

大漠孤烟直,长河落日圆。

——(唐)王维《使至塞上》

泥融飞燕子,沙暖睡鸳鸯。

——(唐)杜甫《绝句》

留连戏蝶时时舞,自在娇莺恰恰啼。

——(唐)杜甫《江畔独步寻花》

两个黄鹂鸣翠柳,一行白鹭上青天。

——(唐)杜甫《绝句》

江碧鸟逾白,山青花欲燃。

——(唐)杜甫《绝句》

千山鸟飞绝,万径人踪灭。

——(唐)柳宗元《江雪》

大漠沙如雪,燕山月似钩。

——(唐)李贺《马诗》

接天莲叶无穷碧,映日荷花别样红。

——(宋)杨万里《晓出净慈寺送林子方》

5. 设问

问君能有几多愁,恰似一江春水向东流。

——(五代·南唐)李煜《虞美人》

欲问行人去那边? 眉眼盈盈处。

——(宋)王观《卜算子·送鲍浩然之浙东》

问渠那得清如许? 为有源头活水来。

——(宋)朱熹《观书有感(其一)》

6. 反问

本自同根生,相煎何太急?

——(三国·魏)曹植《七步诗》

醉卧沙场君莫笑,古来征战几人回?

——(唐)王翰《凉州词》

此曲只应天上有,人间能得几回闻。

——(唐)杜甫《赠花卿》

苟能制侵陵,岂在多杀伤。

——(唐)杜甫《前出塞》

7. 对比

少壮不努力,老大徒伤悲。

——(汉)乐府民歌《长歌行》

战士军前半死生,美人帐下犹歌舞!

——(唐)高适《燕歌行》

朱门酒肉臭,路有冻死骨。

———(唐)杜甫《自京赴奉先县咏怀五百字》

8. 借代

孤帆(船)远影碧空尽,唯见长江天际流。

———(唐)李白《黄鹤楼送孟浩然之广陵》

烽火(战争)连三月,家书抵万金。

———(唐)杜甫《春望》

知否,知否?应是绿(叶)肥红(花)瘦!

———(宋)李清照《如梦令》

9. 双关

春蚕到死丝(思)方尽,蜡炬成灰泪始干。

———(唐)李商隐《无题》

东边日出西边雨,道是无晴(情)还有晴(情)。

———(唐)刘禹锡《竹枝词》

四、必读经典小古文

(一) 神话故事

夸父逐日

《山海经》

夸父①与日逐走②,入日③。渴欲得饮④,饮于河渭⑤,河渭不足,北饮大泽⑥。未至,道渴而死。弃其杖,化为邓林⑦。

注 释

①夸父:神话传说中善于奔跑的巨人。②逐走:追赶,竞跑。③入日:赶到太阳落山的地方。④饮:喝。⑤河、渭:黄河与渭河。⑥大泽:大湖。⑦邓林:桃林。

译文

夸父与太阳竞跑,追赶到太阳落下的地方。(他)口渴,想要喝水,到黄河、渭水去喝水,黄河、渭水的水不够他喝,(他)向北到大湖去喝水。(夸父)还没有到大湖,在半路因口渴而死。(他)丢弃他的手杖,(手杖)化作了桃林。

精卫①填海

《山海经》

炎帝②之少女③,名曰女娃。女娃游于东海,溺④而不返,故⑤为精卫,常衔西山之木石,以埋⑥于东海。

注释

①精卫:神话中鸟的名字,形状像乌鸦,头上有花纹,白色的嘴,红色的脚,传说是炎帝小女儿溺水身亡后的化身。②炎帝:传说中上古时期的部落首领。③少女:小女儿。④溺:溺水,淹没。⑤故:因此。⑥埋:填塞。

译文

炎帝的小女儿,名叫女娃。有一次,女娃去东海游玩,溺水身亡,再也没有回来,因此化为精卫鸟,经常叼着西山上的树枝和石块,用来填塞东海。

共工怒触不周山

《淮南子》

昔者,共工与颛顼①争为帝,怒而触不周之山,天柱折(shé),地维②绝。天倾西北,故日月星辰移焉;地不满东南,故水潦③尘埃归焉。

注 释

①颛顼(zhuān xū)：五帝之一，号高阳氏，为黄帝之孙。②地维：传说中维系大地的绳索。③水潦(lǎo)：雨水或流到地上的积水。

译 文

从前共工与颛顼争夺帝位，共工失败了，愤怒之下撞向不周山。支撑天的柱子折了，维系大地的绳索断了。天向西北方向倾斜，所以日月星辰都朝西北移动；地的东南角塌陷，所以江河泥沙都朝东南流去。

黄帝战蚩尤

《山海经》

蚩(chī)尤作兵①伐黄帝，黄帝乃令应龙②攻之冀州之野。应龙蓄水③。蚩尤请风伯雨师，纵大风雨。黄帝乃下天女曰魃(bá)，雨止，遂杀蚩尤。

注 释

①作兵：发兵、兴兵。②应(yīng)龙：黄帝部下大将，原型为古代神话中一种有翼的龙。③蓄水：积蓄很多水，用来战斗。

译 文

蚩尤兴兵侵伐黄帝，黄帝便派应龙到冀州的原野上去攻打蚩尤。应龙积蓄了大量的水用来战斗，而蚩尤请来了风伯和雨师，操纵起狂风暴雨。黄帝于是请来名叫魃的天女助战。风雨停止了，黄帝取得胜利，杀死了蚩尤。

后羿(yì)射日

《淮南子》

逮至①尧之时,十日并出,焦禾稼,杀草木,而民无所食;猰貐②、凿齿③、九婴④、大风⑤、封豨⑥、修蛇⑦,皆为民害。尧乃使羿诛凿齿于畴(chóu)华之野,杀九婴于凶水之上,缴(zhuó)大风于青丘之泽,(羿)上射十日而下杀猰貐,断修蛇于洞庭,禽封豨于桑林。

注 释

①逮(dài)至:及至,等到。②猰貐(yà yǔ):传说中吃人的怪兽,牛身而赤,人面马足。③凿(záo)齿:传说中长有巨齿的怪兽。④九婴:传说中长有九个头、啼声如婴儿的猛兽。⑤大风:传说中飞翔能引起大风的恶鸟。⑥封豨(xī):大野猪。⑦修蛇:凶残的巨蛇。

译 文

到了尧帝的时候,天上一下子出现了十个太阳。庄稼被烤焦了,草木都枯死了,人们没有食物来充饥。猰貐、凿齿、九婴、大风、封豨、修蛇这些猛兽恶禽也纷纷跑出来祸害人。尧帝于是派后羿在畴华的荒野杀死了凿齿,在凶水之上杀死了九婴,在大泽青邱射死了大风,接着又射下了天上多余的太阳,杀死了地上的猰貐,在洞庭湖斩断了修蛇,在桑林擒住了封豨。

女娲补天

《淮南子》

往古之时,四极废,九州裂,天不兼覆,地不周载;火爁焱①而不灭,水浩洋而不息;猛兽食颛民②,鸷(zhì)鸟攫(jué)老弱。于是女娲炼五色石以补苍天,断鳌(áo)足以立四极,杀黑龙以济冀州,积芦灰以止淫水③。苍天补,四极正,淫水涸,冀州平;狡虫④死,颛民生;背方州,抱员天。

注 释

①爁焱(làn yàn):火势蔓延。②颛(zhuǎn)民:善良的民众。③淫(yín)水:泛滥溢流的洪水。④狡虫:猛兽。

译 文

上古之时,连接天地的四极坏掉了,九州大地破碎分离,天不能再把大地全都覆盖,地不能再把万物全都承载,烈火蔓延不息,洪水泛滥不止,猛兽都跑出来以善良的人民为食,恶禽也到处攫猎老人儿童。于是,女娲冶炼五色石来修补苍天,斩断巨鳌的足来支起四极,杀死黑龙来拯救冀州的百姓,积起芦苇烧成的灰烬来制止洪水。苍天修补好了,四极恢复端正,地上的洪水消失了,冀州也归于平静,害人的猛兽全部被杀死,善良的人民获得了新生。

女娲造人

《风俗通》

俗说开天辟地,未有人民,女娲抟①黄土做人。剧务②,力不暇供(gōng),乃引绳于泥中,举以为人。故富贵者,黄土人,贫贱者,引绳人也。

注 释

①抟(tuán):揉弄为球形。②剧务:事务繁重。

译 文

民间有这样的传说,天地开辟之后,世上还没有人类。女娲揉捏黄土创造了人,但造人的工作实在太为繁重了,女娲嫌手捏得太慢,便拿来一条绳子在泥中穿过,然后举起绳子挥洒,泥点落在地上也化成了活生生的人。后来人们就说,富贵的人,都是女娲用手捏出来的,而贫贱的人,则是女娲用绳子甩出来的。

盘古开天地

《三五历纪》

　　天地混沌①如鸡子,盘古生其中;万八千岁,天地开辟,阳清为天,阴浊为地;盘古在其中,一日九变②,神于天,圣于地。天日高一丈,地日厚一丈,盘古日长一丈,如此万八千岁,天数极高,地数极深,盘古极长。

注　释

　　①混沌:浑然一体,不可分割。②九变:多次变化。九,虚数,指极多。

译　文

　　世界开辟之前,天地混沌一体,像个大鸡蛋一样,盘古就生在其中。过了一万八千年,天地分开了,轻而清的阳气上升变成了天,重而浊的阴气下沉化作了地。盘古在天地中间,每日都出现多次变化,他的智慧比天还要高明,他的本领比地还要强大。天每天升高一丈,地每天加厚一丈,盘古的身体也随着变长一丈,就这样又过了一万八千年。天高到了极点,地厚到了极点,盘古的身体也长到了极点。

(二)寓言故事

守株①待兔

《韩非子·五蠹》

　　宋人有耕者。田中有株。兔走②触株,折颈而死。因③释④其耒⑤而守株,冀⑥复得兔。兔不可复得,而身为宋国笑。

注　释

　　①株:树桩。②走:跑。③因:于是。④释:放下。⑤耒(lěi):古代用来耕田的一种农具。⑥冀:希望。

译文

　　宋国有个种地的农民,他的田地中有一截树桩。一天,一只跑得飞快的野兔撞在了树桩上,折断了脖子死了。于是,他便放下他的农具日日夜夜守在树桩旁边,希望能再得到一只兔子。然而野兔是不可能再次得到了,而他自己也被宋国人耻笑。

揠苗助长

《孟子·公孙丑上》

　　宋人有闵①其苗之不长而揠之者,芒芒然②归,谓其人曰:"今日病③矣!予助苗长矣!"其子趋而往视之,苗则槁④矣。

注释

　　①闵:通"悯",忧虑。②芒芒然:疲劳倦怠的样子。③病:疲倦,累坏。④槁:枯干。

译文

　　春秋时期宋国有个担忧他的禾苗长不高而把禾苗往上拔的人,一天他十分疲劳地回到家,对他的家人说:"今天累坏了,我帮助禾苗长高了!"他儿子跑去看那禾苗的情况,禾苗却都已经枯萎了。

刻舟求剑

《吕氏春秋·察今》

　　楚人有涉①江者②,其③剑自④舟中坠⑤于⑥水,遽⑦契⑧其舟,曰:"是⑨吾⑩剑之⑪所从坠⑫。"舟止,从其⑬所契者入水求⑭之⑮。舟已行矣⑯,而⑰剑不行,求剑若⑱此⑲,不亦惑乎⑳!

注 释

①涉：过，渡。②者：……的人。③其：他的，代词。④自：从。⑤坠：落。⑥于：在，到。⑦遽：急忙，立刻。⑧契：用刀雕刻。⑨是：指示代词，这，这个，这儿，这样。⑩吾：我的。⑪之：用于主谓之间取消句子独立性。⑫所从坠：落下的地方。坠，落下。⑬其：代词，他。⑭求：找，寻找。⑮之：代词，剑。⑯矣：了。⑰而：然而，表转折。⑱若：像。⑲此：这样。⑳不亦惑乎：不是很糊涂吗？惑，愚蠢，糊涂。"不亦……乎"是一种委婉的反问句式。

译 文

楚国有个渡江的人，他的剑从船上掉入水中，他赶紧在船边掉剑的地方刻了一个记号，说："这是我的剑掉下去的地方。"船停下来后，他便从自己刻记号的地方跳进水里去找剑。船已经向前走了，而剑没有走，像这样找剑，岂不是太糊涂了吗？

掩耳盗钟①

《吕氏春秋·自知》

范氏②之亡③也，百姓有得钟者。欲负④而走，则钟大不可负。以椎⑤毁之，钟况然⑥有音。恐人闻之而夺己也，遽⑦掩其耳。恶人闻之，可也；恶己自闻之，悖矣。

注 释

①钟：古代的礼乐器。②范氏：春秋末期晋国的贵族，被其他四家贵族联合打败后，逃到齐国。③亡：逃亡。④负：用背驮东西。⑤椎：槌儿。⑥况然：这里形容声音很大。⑦遽(jù)：赶快，匆忙。

译 文

范氏逃亡后，有个人趁机偷了一口钟，准备背着跑掉。但钟太大了，不好背，他就打算用槌儿把它打碎再背。谁知，刚砸了一下，那口钟就咣的大响起来。他怕别人听到了来跟他争抢，急忙捂住了自己的耳朵。害怕别人听到钟的声音，这是可以理解的；但捂住自己的耳朵以为这样别人也听不到了，这就太荒谬了。

郑①人买履

《韩非子·外储说左上》

郑人有且②置履者③，先④自度⑤其足而⑥置⑦之⑧其⑨坐⑩。至⑪之⑫市而忘操⑬之。已⑭得⑮履，乃⑯曰："吾忘持⑰度⑱。"反归取之。及⑲反⑳，市罢㉑，遂㉒不得履。人曰："何不试之以足？"曰："宁㉓信度，无㉔自信㉕也。"

注 释

①郑：春秋时代的郑国，在今河南省新郑县一带。②且：将要，想要。③者：……的人。④先：首先，事先。⑤度(duó)：衡量。⑥而：顺承连词，意为然后。⑦置：安放，搁。⑧之：代词，它，此处指量好的尺码。⑨其：他的，指郑人的。⑩坐：通"座"，座位。⑪至：到了。⑫之：到……去，往。⑬操：拿着。⑭已：已经。⑮得：得到，拿到。⑯乃：然后。⑰持：拿。⑱度(dù)：量好的尺码。⑲及：等到。⑳反：通假字，通"返"，返回。㉑罢：本义为结束，引申为散了。㉒遂：于是。㉓宁(nìng)：副词。宁可，宁愿。㉔无：没有，这里是不能、不可的意思。㉕自信：相信自己（的脚）。

译 文

郑国有个想买鞋的人，先量好自己的脚，顺手把量好的尺寸放在座位上。到集市去的时候，忘记带了。他拿到鞋后，突然想起来忘了带量好的尺寸。他对卖鞋的人说："我忘带尺寸了。"然后匆忙返回家取。等到他回来时，集市已经散了，因而他没能买到鞋。有人问他："你为什么不用自己的脚试试呢？"他回答："我宁肯相信尺寸，也不相信自己的脚。"

自相矛盾

《韩非子·难一》

楚人有鬻①盾与矛者，誉之曰："吾盾之坚，物莫能陷②也。"又誉其矛曰："吾矛之利,于物无不陷也。"或③曰:"以子之矛陷子之盾,何如?"其人弗能应也。夫④不可陷之盾与无不陷之矛,不可同世而立。

注 释

①鬻:卖。②陷:刺破。③或:有的人。④夫:放在句首,表示将发议论。

译 文

有一个楚国人,卖盾又卖矛。他夸耀自己的盾说:"我的盾坚固无比,任何锋利的东西都穿不透它。"又夸耀自己的矛说:"我的矛锋利极了,什么坚固的东西都能刺穿。"有人问他:"如果用您的矛刺您的盾,结果会怎么样呢?"那人张口结舌,一句话也答不上来。

滥竽①充数

《韩非子·内储说上》

齐宣王②使③人吹竽,必三百人。南郭④处士⑤请为王吹竽,宣王说⑥之,廪食⑦以数百人。宣王死,湣王⑧立⑨,好⑩一一听之,处士逃⑪。

注 释

①滥竽:常用来比喻没有真才实学的人。滥,虚妄不实。竽,古代一种竹制簧管乐器。②齐宣王:战国时期齐国的国君,姓田,名辟疆。③使:命令。④南郭:复姓。⑤处士:指有才德而隐居不做官的人,也可以泛指未做过官的士人。⑥说:通"悦",喜悦。⑦廪食:这里是供给粮食的意思。⑧湣王:齐国国君,宣王的儿子,在宣王死后继位。⑨立:继承王位。⑩好(hào):喜好。⑪逃:逃跑。

译 文

齐宣王让人吹竽,必须三百人一起吹。南郭处士请求为齐宣王吹竽,宣王很高兴,发给他同其他几百人一样的口粮。齐宣王去世了,齐湣王即位,他喜欢听人一个一个地演奏,南郭处士只好逃走了。

画蛇添足

《战国策·齐策》

楚有祠者①,赐其舍人②卮③酒。

舍人相谓④曰:"数人饮之不足,一人饮之有余。请画地为蛇,先成者饮酒。"

一人蛇先成,引⑤酒且⑥饮之,乃⑦左手持卮,右手画蛇,曰:"吾能为之足⑧!"未成,一人之蛇成,夺其卮曰:"蛇固⑨无足,子⑩安⑪能为之足?"遂⑫饮其酒。

为蛇足者,终亡⑬其酒。

注 释

①祠者:主持祭祀的人。祠,祭祀。周代贵族一年四季都要祭祀祖宗,每个季度祭祀都有专门的称呼,春天祭祀叫"祠"。②舍人:指古代豪门贵族家里的门客。③卮(zhī):古代盛酒的器具。④相谓:互相商量,共同议论。⑤引:拿,取。⑥且:将要。⑦乃:却,表示转折。⑧为之足:给蛇画上脚。⑨固:本来。⑩子:你。⑪安:怎么,哪里。⑫遂:于是。⑬亡:失掉。

译 文

楚国有个主持祭祀的官员,给手下办事的门客一壶酒。

门客们互相商量说:"几个人喝这壶酒不够,一个人喝这壶酒绰绰有余。请大家在地上画蛇,先画成的人喝酒。"

有一个人先把蛇画好了,他拿起酒壶准备饮酒,却又左手拿着酒壶,右手画蛇,说:"我能够给蛇添上脚。"没等他画完,另一个人的蛇画成了,夺过他的酒说:"蛇本来没有脚,你怎么能给它添上脚呢?"于是就把壶中的酒喝了。

那个给蛇画脚的人最终失掉了那壶酒。

狐假①虎威

《战国策·楚策一》

虎求百兽而食之,得狐。狐曰:"子②无敢食我也! 天帝使我长百兽③,今子食我,是逆④天帝命也。子以我为不信,吾为子先行,子随我后,观百兽之见我而敢不走⑤乎?"虎以为然⑥,故遂与之行。兽见之皆走。虎不知兽畏己而走也,以为畏狐也。

注 释

①假:借。②子:你,指老虎。③长百兽:做群兽的领袖。④逆:违背。⑤走:逃跑。⑥然:是,对。

译 文

老虎捕捉各种野兽来吃。一次,老虎捕捉到一只狐狸。狐狸对老虎说:"你不敢吃我!上天派我做群兽的领袖,如果你吃掉我,就违背了上天的命令。你如果不相信我的话,我在前面走,你跟在我的后面,看看群兽见了我,有哪一个敢不逃跑呢?"老虎信以为真,于是就和狐狸同行。群兽见了老虎,都纷纷逃跑。老虎不明白群兽是害怕自己才逃跑的,还以为是害怕狐狸。

螳螂捕蝉

《说苑》

吴王①欲伐荆②,告其左右曰:"敢有谏③者死!"舍人④有少孺子⑤者欲谏不敢,则怀丸操弹⑥,游于后园,露沾其衣,如是⑦者三旦。吴王曰:"子来,何苦沾衣如此?"对曰:"园中有树,其上有蝉,蝉高居⑧悲鸣,饮露,不知螳螂在其后也;螳螂委身曲附⑨,欲取蝉,而不知黄雀在其旁也;黄雀延颈⑩欲啄螳螂,而不知弹丸在其下也。此三者皆务欲得其前利,而不顾⑪其后之患⑫也。"吴王曰:"善哉!"乃罢其兵。

注 释

①吴王:指吴王阖闾。②荆:指楚国。③谏:规劝。以下劝上为谏。④舍人:王公贵族的门客。⑤少孺子:年轻人。⑥怀丸操弹:怀揣弹子,手拿弹弓。操,拿着。⑦如是:像这样。是,这样。⑧居:停留。⑨委身曲附:缩着身子紧贴树枝,弯起前肢。附,同"跗(fū)",脚背。⑩延颈:伸长脖子。延,伸长。⑪顾:考虑。⑫患:灾祸。

译 文

    吴王决定去攻打楚国,他对左右的人说:"谁敢劝阻就处死谁!"吴王的门客中有个年轻人想要劝说吴王放弃攻楚的打算,但又不敢直说,于是就拿着弹弓,带着弹丸,一连三天早晨,在王宫后面的花园里走来走去,露水打湿了衣服,也全不在意。吴王问他:"你这是为什么呢? 衣服都被露水打湿了。"少年说:"园中有棵树,树上有一只蝉,它停在高高的树上不停地歌唱,饮着露水,不知道有只螳螂在它身后想吃掉它;螳螂曲着身子靠近蝉,想捕捉它,却没想到黄雀就在自己身旁;黄雀伸长脖子想要啄食螳螂,却不知道有人在树下举着弹弓瞄准自己。这三者都力求得到它们眼前的利益,却没有考虑它们身后隐伏的祸患。"吴王想了想说:"你讲得很好!"于是放弃了攻打楚国的打算。

叶公好龙

《新序》

    叶公①子高好②龙,钩③以写④龙,凿⑤以写龙,屋室雕文⑥以写龙。于是天龙闻⑦而下之⑧,窥⑨头于牖⑩,施⑪尾于堂。叶公见之,弃而还走⑫,失其魂魄,五色无主⑬。是⑭叶公非好龙也,好夫⑮似龙而非龙者也。

注 释

    ①叶公:春秋时楚国叶县县令沈诸梁,名子高,封于叶(古邑名,今河南叶县)。②好:喜欢。③钩:衣服上的带钩。④写:画。⑤凿:通"爵",古代饮酒的器具。⑥屋室雕文:房屋上雕刻的彩绘、花纹。文,通"纹"。⑦闻:听说。⑧下之:到叶公住所处。⑨窥:这里是探望、偷看的意思。⑩牖(yǒu):窗户。⑪施(yì):延伸。⑫还(xuán)走:转身就跑。走,逃跑。⑬五色无主:脸色一忽儿白,一忽儿黄。五色,这里指脸色。⑭是:由此看来。⑮夫:这,那。

译文

　　叶公子高非常喜欢龙,衣带钩、酒器上刻着龙,屋子内外也刻着龙。天上的真龙听说了,就从天上下来到叶公住处。龙头从窗户探进来,龙尾拖在厅堂里。叶公一见,转身就跑,吓得魂不附体,脸色都变了。由此看来,叶公并不是真的喜欢龙,他喜欢的,是似龙非龙的东西。

玄鹤①献珠

《搜神记》

　　哙参②,养母至孝③。曾有玄鹤,为弋人④所射,穷而归参⑤。参收养,疗治其疮,愈而放之。后鹤夜到门外,参执烛视之,见鹤雌雄双至,各衔明珠,以报参焉。

注释

　　①玄鹤:黑鹤。玄,这里指黑色。②哙参(shēn):人名。③养母至孝:奉养母亲非常孝顺。④弋人:射手。⑤穷而归参:(玄鹤受伤后)十分困窘而来到哙参家。

译文

　　哙参是个孝子,对母亲非常孝顺。曾有一只玄鹤被射鸟的人射伤后不能飞行,就来向哙参求救。哙参把它收留下来,并精心为它治疗创伤,当玄鹤伤势痊愈后就把它放走了。后来,在一个夜晚,玄鹤又飞回到哙参的家门外,哙参拿着烛火去看玄鹤,只见雌雄玄鹤双双站在门边,口中各衔着一颗明珠。原来,玄鹤是用明珠来报答哙参的救命之恩来了。

鹬①蚌②相争

《战国策·燕策二》

　　蚌方③出曝④,而鹬啄其肉,蚌合而箝⑤其喙⑥。鹬曰:"今日不雨⑦,明日不雨,即⑧有死蚌。"蚌亦谓⑨鹬曰:"今日不出,明日不出,即有死鹬。"两者不肯相舍⑩,渔者得而并⑪禽⑫之。

注 释

①鹬:一种水鸟,羽毛呈茶褐色。嘴和腿都细长,常在浅水边或水田中捕食小鱼、昆虫、河蚌等。②蚌:贝类,软体动物。有两个椭圆形介壳,可产珍珠。③方:正在。④曝:晒(太阳)。⑤箝:夹住。⑥喙:嘴,专指鸟兽的嘴。⑦雨:这里用作动词,下雨。⑧即:就,那就。⑨谓:对……说。⑩相舍:互相放弃。⑪并:一起,一齐,一同。⑫禽:通"擒",捕捉,抓住。

译 文

蚌正张开壳晒太阳,鹬一下子啄住了蚌的肉,蚌立刻闭壳夹住了鹬的嘴。鹬说:"(如果你不放了我,)今天不下雨,明天不下雨,那就会有死蚌了。"蚌说:"(我怎能放你!)你的嘴今天拔不出去,明天拔不出去,那就会有死鹬了。"双方都不肯放过对方。渔夫发现了,就乘机把它们一起捉住了。

(三) 历史故事

楚王好细腰

《墨子》

昔者①楚灵王②好③士④细腰,故⑤灵王之⑥臣皆⑦以⑧一饭⑨为节⑩,胁息⑪然后带⑫,扶墙然后起。比⑬期年⑭,朝有黧黑⑮之色。

注 释

①昔者:从前。②楚灵王:春秋中期楚国国君。③好(hào):喜欢。④士:男子。⑤故:所以。⑥之:的。⑦皆:都。⑧以:用。⑨一饭:每天吃一顿饭。⑩节:限制,节制。⑪胁息:屏住呼吸。⑫带:束带。⑬比:等到,及至。⑭期(jī)年:一周年。⑮黧(lí)黑:黑中带黄的颜色。

译 文

从前,楚灵王喜欢他的臣子有纤细的腰身,所以朝中的一班大臣,把一日三餐减为只吃一餐。每天起床整装,先要屏住呼吸,然后把腰带束紧,扶着墙壁站起来。等到一年后,满朝文武官员脸色都是黑黄黑黄的了。

吾腰①千钱

(唐)柳宗元

永②之氓③咸④善⑤游。一日,水暴甚⑥,有五六氓,乘小船绝⑦湘水。中济⑧,船破,皆游。其一氓尽力而不能寻常。其侣曰:"汝善游最也,今何后为?"曰:"吾腰千钱,重,是以后。"曰:"何不去之?"不应,摇其首。有顷益怠⑨。已济者立岸上呼且号曰:"汝愚之甚,蔽之甚,身且⑩死,何以货为⑪?"又摇其首,遂溺死。

注 释

①腰:动词,腰上挂着,腰间挂着。②永:永州,今湖南零陵。③氓(méng):百姓。④咸:程度副词,全、都。⑤善:同"擅",擅长。⑥甚:特别,非常。⑦绝:横渡。⑧济(jì):渡,到。⑨有顷益怠:过了一会儿,更加疲惫无力了。有顷,一会儿。益,更。怠,疲乏。⑩且:将要,快要。⑪何以货为:要钱财干什么?

译 文

永州的人傍水而居,都擅长游泳。一天,河水暴涨,有五六个人乘着小船横渡湘水。船刚至江心,就漏水下沉了,船上的人纷纷泅水逃生。其中一人拼命划水,却不像以往游得那么快。他的同伴奇怪地问:"平素你的水性最好,今天为什么落在后边?"他喘着粗气说:"我腰里缠着千枚铜钱,分量很重,所以落在后边。"同伴忙劝他说:"那为什么不赶快扔掉它呢?"他不回答,只摇了摇头。过了一会儿,他越发筋疲力尽。已经上岸的人向他呼喊:"你真是太糊涂、太死心眼了,人马上都要淹死了,还要钱干什么?"他又摇了摇头,于是很快就被淹死了。

伯牙鼓琴①

《吕氏春秋·本味》

伯牙鼓琴,锺子期听之。方鼓琴而志②在太山③,锺子期曰:"善哉④乎鼓琴,巍巍乎若太山⑤。"少选⑥之间而志在流水,锺子期又曰:"善哉乎鼓琴,汤汤乎若流水⑦。"锺子期死,伯牙破琴绝弦,终身不复鼓琴,以为世无足复为鼓琴者⑧。

注 释

①鼓琴:弹琴。②志:心志,情志。③太山:泛指大山,高山。一说指东岳泰山。④善哉:好啊。⑤巍巍乎若太山:像大山一样高峻。巍巍,高大的样子。若,像。⑥少选:形容极短的时间。⑦汤汤乎若流水:像流水一样浩荡。汤汤,水流大而急的样子。⑧以为世无足复为鼓琴者:认为世上再没有值得他为之弹琴的人了。

译 文

伯牙擅长弹琴,锺子期擅长倾听,有很高的音乐鉴赏能力。伯牙弹琴的时候,心里想到高山,锺子期听了(赞叹)道:"你弹得太好了!简直就像巍峨的大山(屹立在我的面前)!"伯牙心里想到流水,锺子期(如痴如醉,击节称快)道:"妙极了!这琴声宛如奔腾不息的江河(从我心中流过)!"不管伯牙心里想到什么,锺子期都能准确地道出他的心意。锺子期死后,伯牙悲痛欲绝,觉得世界上再也找不到比锺子期更了解他的知音了,于是,他把心爱的琴摔碎,终身不再弹琴。

两小儿辩日

《列子·汤问》

孔子东游,见两小儿辩斗①,问其故。

一儿曰:"我以②日始出时去人近,而日中③时远也。"

一儿曰:"我以日初出远,而日中时近也。"

一儿曰:"日初出大如车盖④,及⑤日中则如盘盂⑥,此不为远者小而近者大乎?"

一儿曰:"日初出沧沧凉凉⑦,及其日中如探汤⑧,此不为近者热而远者凉乎?"

孔子不能决也。

两小儿笑曰:"孰⑨为⑩汝⑪多知⑫乎?"

注　释

①辩斗:辩论,争论。②以:认为。③日中:正午。④车盖:古时车上的圆形篷盖,像雨伞一样。⑤及:到,到了。⑥盘盂:盛物的器皿。圆的为盘,方的为盂。⑦沧沧凉凉:寒凉。⑧探汤:把手伸到热水里去。这里指天气很热。汤,热水。⑨孰:谁。⑩为:同"谓",说。⑪汝:你。⑫知:同"智",智慧。

译　文

孔子到东方游历,看见两个小孩在争论,询问他们争论的原因。一个小孩子说:"我认为太阳刚刚出来时距离人近,中午时距离人远。"另一个小孩认为太阳刚刚出来时距离人远,而中午时距离人近。

第一个小孩子说:"太阳刚刚出来时,大得像车上的篷盖,到了中午就小得像个盘盂,这不是远处的小而近处的大吗?"

第二个小孩说:"太阳刚刚出来时阴阴冷冷,天气凉爽,等到了中午就热得像把手伸进热水里去,这不是近处的热而远处的凉吗?"

孔子不能判断谁是谁非。

两个小孩笑着说:"谁说你知道的事情多呢?"

人有亡①铁②者

《列子·说符》

人有亡铁者,意③其邻之子,视其行步,窃铁也;颜色④,窃铁也;言语,窃铁也;动作态度无为而不⑤窃铁也。

俄而⑥抇⑦其谷⑧而得其铁。他日⑨复见其邻人之子，动作态度无似⑩窃铁者。

注 释

①亡：丢失。②铁：铡刀。③意：这里是怀疑、猜想的意思。④颜色：这里指面部表情。⑤无为而不：没有一样不像。⑥俄而：不久，过了一些时候。⑦抇(hú)：挖。⑧谷：这里指地窖。⑨他日：过几天，后来。⑩无似：不像。

译 文

从前，有个人丢了一把铡刀。他怀疑是邻居家的孩子偷的，就暗暗地注意那个孩子。他看那个孩子走路的姿势，像是偷了铡刀的样子；他观察那个孩子的神色，也像是偷了铡刀的样子；他听那个孩子说话的语气，更像是偷了铡刀的样子。总之，在他的眼睛里，那个孩子的一举一动都像是偷铡刀的。

过了几天，他在挖地窖的时候，找到了那把铡刀。从此以后，他再看邻居家那个孩子，一举一动，面目表情，丝毫也不像偷过铡刀的样子了。

东施①效②颦③

《庄子》

西施④病心⑤而颦其里⑥，其里之丑人见而美之⑦，归⑧亦捧心而颦其里。其里之⑨富人见之⑩，坚⑪闭门而不出；贫人见之，挈⑫妻子⑬而去⑭之走。彼⑮知颦美而不知颦之所以⑯美。

注 释

①东施：越国的丑女。②效：仿效，模仿。③颦：皱眉头。④西施：越国的美女。⑤病心：病于心，心口痛。⑥其里：同一个村里，同一个乡里。⑦美之：以之为美，认为她的样子很美。美，动词，以……为美。之，代指西施皱眉、捂胸的样子。⑧归：返回，回去。⑨之：的。⑩之：代指东施的样子。⑪坚：紧紧地。⑫挈：本意是用手提着，在此处是带领的意思。⑬妻子：妻子和子女。⑭去：躲开，避开。⑮彼：她，代指东施。⑯所以：……的原因。

译 文

　　西施心口痛,皱着眉头从街上走过。同村一个丑女看见西施这个样子,觉得很美,回去时也捂着胸口皱着眉头从街上走过。村里富人看见她这副模样,都紧闭大门不愿出来;穷人见了,带着妻子儿女,远远避开。这个丑女光看到西施皱眉的样子很美,却不明白她皱眉的样子为什么美。

浙江①之潮

(宋)周密②

　　浙江之潮,天下之伟观也。自既望以至十八日③为最盛。方其远出海门④,仅如银线⑤;既而渐进,则玉城雪岭,际天而来⑥。大声如雷霆,震撼激射,吞天沃日⑦,势极雄豪。杨诚斋诗云"海涌银为郭,江横玉系腰"者是也⑧。

注 释

　　①浙江:钱塘江。②周密:南宋文学家,字公谨,原籍济南,后迁吴兴(今属浙江)。③自既望以至十八日:从农历(八月)十六日到十八日。既望,农历十六日(十五日叫望)。④方其远出海门:当潮从入海口涌起的时候。方,当……时。其,代词,指潮。出,发、起。海门,浙江入海口,那里两边的山对峙着。⑤仅如银线:几乎像一条(横画的)银白色的线。仅,几乎,将近。⑥玉城雪岭,际天而来:玉城雪岭一般的潮水连天涌来。玉城雪岭,形容泛着白沫的潮水像玉砌的城墙和大雪覆盖的山岭。际天,连接着天。⑦吞天沃日:犹如吞没了蓝天,冲洗了太阳,非常雄壮豪迈。沃,用水淋洗。日,指太阳。⑧杨诚斋诗云"海涌银为郭,江横玉系腰"者是也:杨诚斋诗中说的"海涌银为郭,江横玉系腰"就是指这样的景象。这两句诗是《浙江观潮》一诗里的句子,意思是,海水涌起来,成为银子堆砌的城郭;浙江横着,潮水给系上一条白玉的腰带。"……是也"的意思是"就是指这样的景象"。

钱塘江大潮是天下雄伟的奇观。从每年的农历八月十六至八月十八是最盛的时候。当潮远远地从海口涌起的时候,几乎像一条(横画的)银白色的线,不久越来越近,就看见玉城雪岭一般的潮水连天涌来,声音大得像雷霆万钧。震撼天地激扬喷薄,好像吞没了天空,冲荡了太阳,其气势非常雄伟豪壮。杨万里诗中说的"海涌银为郭,江横玉系腰"就是指这样的景象。

活见鬼

(明)冯梦龙

有赴饮①夜归者,值②大雨,持盖③自蔽。见一人立檐下,即投伞下同行。久之,不语,疑为鬼也,以足撩④之,偶不相值⑤,愈益恐⑥,因奋力挤之桥下而趋。值炊糕者⑦晨起,亟⑧奔入其门,告以遇鬼。俄顷⑨,复见一人,遍体沾湿,踉跄⑩而至,号呼有鬼,亦投其家。二人相视愕然⑪,不觉大笑。

注 释

①赴饮:去参加宴会。②值:遇到。③盖:古时把伞叫盖。④撩:撩拨。⑤偶不相值:正巧没有碰着。⑥愈益恐:更加害怕。⑦炊糕者:做糕点的人。⑧亟:急迫。⑨俄顷:不一会儿。⑩踉跄:走路不稳。⑪愕然:吃惊的样子。

译 文

有个人赴宴后深夜回家,正赶上天下大雨,就撑起伞来遮雨。看见一个人站在路旁房屋的滴水檐下,那人跑过来一下子钻到自己的伞下,和自己一块走起来。走了好一阵,那人也不说话。他怀疑是鬼,就用脚撩试,正巧没碰着,更加害怕,于是用力把那个人挤下桥去,撒腿就跑。这时正巧做糕点的人清早起来。他赶紧跑到糕点铺门口,告诉人家自己遇见鬼了。不一会儿,又见一个人浑身湿淋淋跌跌撞撞地也跑进做糕点的人家中,并且大喊着"有鬼"。两人互相看看,目瞪口呆,随即不觉大笑起来。

王戎①不取道旁李

《世说新语》

王戎七岁,尝②与诸小儿游。看道边李树多子折枝,诸儿竞走③取之,唯④戎不动。人问之,答曰:"树在道边而多子,此必苦李。"取之,信然⑤。

注 释

①王戎:"竹林七贤"之一,自幼聪慧。②尝:曾经。③竞走:争着跑过去。④唯:只有。⑤信然:的确如此。

译 文

王戎七岁的时候,曾经和许多小孩一起嬉戏玩耍。他们看见路边李子树上果实累累,把树枝都压弯了。许多孩子都争相跑过去摘李子,只有王戎没有动。有人问他为什么不去摘李子。王戎回答说:"李树在路边竟然还有这么多李子,这一定是苦李子。"摘来一尝,的确如此。

杨震暮夜却①金

(宋)范晔

(杨震)四迁②荆州刺史、东莱太守。当之郡③,道经昌邑,故所举④荆州茂才王密为昌邑令,谒见⑤,至夜怀金十斤以遗震。震曰:"故人⑥知⑦君,君不知故人,何也?"密曰:"暮夜无知者。"震曰:"天知,神知,我知,子知。何谓⑧无知!"密愧而出。

注 释

①却:不接受,拒绝。②四迁:四次迁升。③当之郡:当他到郡上任时。④举:举荐,推举。⑤谒见:拜见。⑥故人:"我",老朋友,老熟识。⑦知:了解,知道。⑧何谓:怎么能说。

译 文

　　杨震四次升迁,担任荆州刺史、东莱太守。当他到郡上任路过昌邑时,过去他曾举荐的荆州秀才王密正做昌邑的县令。晚上,王密去拜见杨震,怀中揣了十斤金子,要送给杨震。杨震说:"我了解你,你却不了解我,这是怎么回事呢?"王密说:"这么晚了,没有人能知道这件事。"杨震说:"天知道,神知道,我知道,你知道。怎么能说没人知道!"王密羞愧地退出去了。

称　象

三国故事

　　曹操得巨象。欲知其轻重,不能称。操之①幼子名冲,告操曰:"置象于船上②,刻其水痕所至③。去象,将他物积载船中,使水及④原痕。复称他物,则象重可知矣⑤。"

注 释

　　①之:的。②置……于……:放……在……。③刻其水痕所至:在水痕所到的地方刻上记号。④及:到。⑤可知矣:可以知道了。

译 文

　　曹操得到一头很大的大象。他想知道大象有多重,但是,象太大了,没有办法用秤称出它的重量。曹操的小儿子曹冲对他说:"把大象牵到船上,看水到船舷的哪个地方,刻上记号。然后把象牵上岸,把其他东西装到船上,直到水达到原来刻记号的地方。再称这些东西,就可以知道象有多重了。"

杨氏之子

《世说新语》

　　梁国杨氏子九岁,甚聪惠①。孔君平诣②其父,父不在,乃③呼儿出。为设果,果有杨梅。孔指以示④儿曰:"此是君家果。"儿应声答曰:"未闻孔雀是夫子⑤家禽。"

注 释

①惠:同"慧"。②诣:拜访。③乃:就,于是。④示:给……看。⑤夫子:古时对男子的敬称,这里指孔君平。

译 文

在梁国,有一户姓杨的人家,家里有个九岁的儿子,非常聪明。有一天,孔君平来拜见他的父亲,恰巧他父亲不在家,孔君平就把这个孩子叫了出来。孩子给孔君平端来了水果,其中有杨梅。孔君平指着杨梅给孩子看,并说:"这是你家的水果。"孩子马上回答说:"我可没听说孔雀是先生您家的鸟。"

司马光

《宋史》

群儿戏于庭①,一儿登瓮②,足跌没水中。众皆③弃去,光④持石击瓮破之,水迸⑤,儿得活。

注 释

①庭:庭院。②瓮:口小肚大的陶器。③皆:全,都。④光:指司马光。⑤迸:涌出。

译 文

司马光与一群小孩子在庭院玩。一个小孩站在大缸上面,失足跌落缸中被水淹没,其他的小孩子都吓得跑掉了。司马光拿石头砸破了缸,水从缸里面流出,小孩子得以活命。

书戴嵩画牛

（宋）苏轼

蜀中有杜处士，好书画，所宝①以百数。有戴嵩②《牛》③一轴，尤所爱，锦囊玉轴④，常以自随。

一日曝书画，有一牧童见之，拊掌⑤大笑，曰："此画斗牛也。牛斗，力在角，尾搐⑥入两股⑦间，今乃⑧掉⑨尾而斗，谬⑩矣。"处士笑而然之⑪。古语有云："耕当问奴，织当问婢。"不可改也。

注 释

①所宝：所珍藏的宝贝。②戴嵩：唐代画家。③《牛》：指戴嵩画的《斗牛图》。④锦囊玉轴：用锦缎作画囊，用玉作画轴。⑤拊掌：拍手。⑥搐：抽缩。⑦股：大腿。⑧乃：却。⑨掉：摆动，摇。⑩谬：错误。⑪然之：认为他说得对。

译 文

四川境内有个姓杜的处士，爱好书画，他珍藏的书画作品有成百件。有戴嵩画的《斗牛图》一幅，他特别喜爱，用锦囊装起来，用玉石作画轴，经常随身携带着。

有一天这个处士晾晒书画。一个牧童看到了这幅画，拍手大笑说："这画上画的是角斗的牛呀，牛在角斗时力量集中在角上，尾巴夹在两条后腿中间，但这幅画却画成牛摇着尾巴斗角，画错了啊！"隐士笑了，认为牧童说得对。有句古话说："耕地应当去问种庄稼的农民，织布应当去问纺纱织布的女子。"这句话是不可改变的。

学 弈①

《孟子·告子上》

弈秋②，通国③之善弈者也。使弈秋诲二人弈，其一人专心致志，惟弈秋之为听④；一人虽听之，一心以为有鸿鹄⑤将至，思援⑥弓缴⑦而射之。虽与之⑧俱学，弗若⑨之矣。为⑩是其智弗若与⑪？曰：非然⑫也。

注 释

①弈，下棋。②弈秋："秋"是人名，因善于下棋，所以称为弈秋。③通国：全国。④惟弈秋之为听：只听弈秋的教诲。⑤鸿鹄：指天鹅、大雁一类的鸟。⑥援：引，拉。⑦缴：系在箭上的丝绳，这里指带有丝绳的箭，射出后可以将箭收回。⑧之：他，指专心致志的那个人。⑨弗若：不如。⑩为：因为。⑪与：同"欤"，句末语气词，表示疑问。这里读yú。⑫然：这样。

译 文

弈秋，是全国擅长下棋的人。让弈秋教导两个人下棋，其中一个人专心致志，只听弈秋的教导；另一个人，虽然听弈秋的教导，却一心以为有天鹅要到来，想拉弓射箭把天鹅射下来。这个人虽然和前一个人一起学习，却不如前一个人。是后一个人的智力不如前一个人吗？说：不是这样的。

弈秋败弈

《孟子》

弈秋，通国之善弈者也。当①弈之时，有吹笙②过者，倾心③听之④，将围⑤未围之际，问以弈道⑥，则⑦不知也。非⑧弈道暴深⑨，情有暂暗⑩，笙猾⑪之也。

注 释

①当：正在。②笙：一种簧管乐器。③倾心：专心。④之：代词，指笙曲。⑤围：围棋中的术语，包围、消灭的意思。⑥道：(下围棋的)道理、办法。⑦则：竟，却。⑧非：不是。⑨暴深：突然变得深奥、复杂。⑩情有暂暗：(因为在专心听吹笙)心情、理智暂时有些糊涂。⑪猾：扰乱。

译 文

弈秋,是全国围棋下得最好的人。有一次,当他正在下棋的时候,有个人吹着笙路过,弈秋专心地听起来。这时,他的棋正处在将要被围困消灭的时候,问他有何对策,他回答不出来了。不是这盘棋的局势突然变得复杂深奥了,而是他暂时糊涂了,因为动听的笙曲干扰了他。

(四) 勤学励志

囊萤①夜读

《晋书》

胤恭勤②不倦,博学多通③。家贫不常得油,夏月则练囊④盛数十萤火以照书,以夜继日焉。

注 释

①囊萤:用口袋装萤火虫。萤,萤火虫。②恭勤:肃敬勤勉。③通:通晓,明白。④练囊:白色薄绢做的口袋。

译 文

晋朝人车胤肃敬勤勉而不知疲倦,知识广博,学问精通。他家境贫寒,经常没有灯油。夏天的夜晚,车胤就用白绢做成透光的袋子,装几十只萤火虫照着书本,夜以继日地学习着。

铁杵成针①

(宋)祝穆

磨针溪,在象耳山下。世传李太白读书山中,未成,弃去。过是②溪,逢老媪方③磨铁杵。问之,曰:"欲作针。"太白感其意④,还卒业⑤。

注　释

①本文选自宋代祝穆的《方舆胜览·眉州》。铁杵，用来舂米或捣衣的铁棒。②是：这。③方：正在。④感其意：被她的意志感动。⑤还卒业：回去完成了学业。

译　文

　　磨针溪在象耳山脚下。世世代代相传李白在山中读书的时候，没有完成好自己的学业，就放弃学习离开了。他路过一条小溪时看见一位老妇人在磨铁棒。于是李白问她在干什么。老妇人说："我想把它磨成针。"李白被她的精神感动，就回去完成了学业。

为　学

（清）彭端淑

　　天下事有难易乎？为之，则难者亦易矣；不为，则易者亦难矣。人之为学有难易乎？学之，则难者亦易矣；不学，则易者亦难矣。

　　吾资之昏，不逮①人也；吾材之庸，不逮人也。旦旦②而学之，久而不怠③焉，迄④乎成，而亦不知其昏与庸也。吾资之聪，倍人也；吾材之敏，倍人也；屏弃而不用，其与昏与庸无以异也。圣人⑤之道⑥，卒⑦于鲁⑧也传之。然则⑨昏庸聪敏之用⑩，岂⑪有常⑫哉！

　　蜀之鄙⑬有二僧，其一贫，其一富。贫者语⑭于富者曰："吾欲之⑮南海，何如⑯？"富者曰："子何恃⑰而往？"曰："吾一瓶一钵⑱足矣。"富者曰："吾数年来欲⑲买⑳舟而下㉑，犹未能也。子何恃而往？"越明年㉒，贫者自南海还，以告富者，富者有惭色㉓。

　　西蜀之去南海，不知几千里也，僧之富者不能至而贫者至焉。人之立志，顾不如蜀鄙之僧哉㉔？是故聪与敏，可恃而不可恃也；自恃其聪与敏而不学者，自败者也。昏与庸，可限而不可限也；不自限其昏与庸而力学不倦者，自力者也。

注 释

①逮：到，及。②旦旦：天天。③怠：懒惰，松懈。④迄：等到。⑤圣人：指孔子。⑥道：思想，理论。⑦卒：终于，最终。⑧鲁：迟钝。⑨然则：表示连接上文，得出结论。⑩用：用处，功用。⑪岂：难道。⑫常：不变的，固定的。⑬鄙（bǐ）：边境，偏远的地方。⑭语（yù）：告诉。⑮之：去。⑯何如：怎么样？这里是商量的语气。⑰恃（shì）：凭借。⑱钵（bō）：和尚盛食物用的一种器具。⑲欲：想。⑳买：花钱雇佣。㉑下：往下游走。㉒越明年：到了第二年。㉓惭色：惭愧的神色。㉔哉：表示反问语气。

译 文

天下事有困难和容易（的区别）吗？去做，那么困难的也容易了；不做，那么容易的也困难了。人们求学、做学问有困难和容易（的区别）吗？去学，那么困难的也容易了；不学，那么容易的也困难了。

我的天资昏昧，不及别人；我的才能平庸，不及别人。我每天认真学习，长久坚持，毫不懈怠，等到成功了，也就不知道我是昏昧又平凡的了。我天资聪明、才思敏捷，超过别人几倍，如果摒弃而不用，那跟愚笨和平庸的人就没有什么区别了。孔子的思想、理论，最终是靠天资迟钝的曾参传下来的。以此而论，愚笨平庸与聪明敏捷的功用，难道是有常规的吗？

四川偏远之地有两个和尚，其中一个穷，一个富。穷和尚告诉富和尚说："我打算到南海去，（你看）怎么样？"富和尚说："您凭什么去呢？"（穷和尚回答）说："我（只要）一个水瓶、一个饭钵就足够了。"富和尚说："我好几年来都想要雇船东下（南海），还没能去成呢，你凭什么去？"到了第二年，穷和尚从南海回来，把这件事告诉富和尚。富和尚露出惭愧的神色。

四川距离南海，不知道有几千里路，富和尚不能到，可是穷和尚到了。人们立志，难道反而不如四川偏远之地的穷和尚吗？因此聪明与有才学可以依赖而又不可以依赖；（那些）自以为聪明、有才学但并不学习的人，是自己毁了自己。昏庸与愚钝，可以限制而又不可以限制；（那些）自己不受昏庸限制而用心学习、不倦怠的人，是靠自己努力学成的。

第三章　古诗文专项训练

一、作者与作品专项

（一）单项选择题。

1. 《七步诗》的作者是（　　）。

A. 曹操　　　　　B. 曹丕　　　　　C. 曹植　　　　　D. 曹冲

2. "劝君更尽一杯酒，西出阳关无故人"出自（　　）的名句。

A. 李白　　　　　B. 王维　　　　　C. 王昌龄　　　　D. 杜牧

3. "海内存知己，天涯若比邻"是（　　）的诗句。

A. 王勃　　　　　B. 李白　　　　　C. 白居易　　　　D. 王维

4. "独在异乡为异客，每逢佳节倍思亲"是（　　）的诗句。

A. 王维　　　　　B. 王之涣　　　　C. 王勃　　　　　D. 李商隐

5. 《天净沙·秋思》是一首小令，作者是元代的（　　）。

A. 张养浩　　　　B. 马致远　　　　C. 元好问　　　　D. 关汉卿

6. "野火烧不尽，春风吹又生"一句出自（　　）。

A. 白居易的《赋得古原草送别》　　　B. 王昌龄的《出塞》

C. 杜牧的《江南春》　　　　　　　　D. 王维的《山居秋暝》

7. "春蚕到死丝方尽，蜡炬成灰泪始干"出自（　　）的《无题》。

A. 李贺　　　　　B. 李清照　　　　C. 李商隐　　　　D. 李白

8. "无边落木萧萧下，不尽长江滚滚来"出自杜甫的（　　）。

A. 《茅屋为秋风所破歌》　　　　　　B. 《登高》

C. 《蜀相》　　　　　　　　　　　　D. 《望岳》

9. "三十功名尘与土,八千里路云和月"是(　　)的词句。

A. 岳飞 　　　　B. 辛弃疾 　　　　C. 陆游 　　　　D. 李清照

10. "莫愁前路无知己,天下谁人不识君"出自(　　)的《别董大》。

A. 高适 　　　　B. 岑参 　　　　C. 王昌龄 　　　　D. 王勃

11. 苏轼称赞(　　)"诗中有画,画中有诗"。

A. 李白 　　　　B. 杜甫 　　　　C. 王维 　　　　D. 孟浩然

12. 下列诗作中,哪一首表达了作者对劳动人民艰苦生活的同情?(　　)

A.《登鹳雀楼》　　　　　　　　B.《江上渔者》

C.《望庐山瀑布》　　　　　　　D.《塞下曲》

13. 下列诗作中,出自柳宗元的是(　　)。

A.《浪淘沙》　　B.《清明》　　　　C.《乐游原》　　　　D.《江雪》

14. 我国第一部诗歌总集是(　　)。

A.《唐诗三百首》　　　　　　　B.《诗经》

C.《离骚》　　　　　　　　　　D.《古诗十九首》

15.《山行》描绘的是(　　)的景色。

A. 春天 　　　　B. 夏天 　　　　C. 秋天 　　　　D. 冬天

16. 崔颢的诗句"晴川历历汉阳树,芳草萋萋鹦鹉洲"描绘的是在我国四大名楼之一(　　)上看到的风景。

A. 岳阳楼 　　　　　　　　　　B. 黄鹤楼

C. 鹳雀楼 　　　　　　　　　　D. 滕王阁

17. 把"春风"比作"剪刀"的是哪首诗?(　　)

A.《忆江南》　　　　　　　　　B.《滁州西涧》

C.《咏柳》　　　　　　　　　　D.《游园不值》

18. "横看成岭侧成峰,远近高低各不同。"诗中写的名胜是(　　)。

A. 泰山 　　　　B. 华山 　　　　C. 黄山 　　　　D. 庐山

19. "解落三秋叶,能开二月花。过江千尺浪,入竹万竿斜。"这首诗写的是(　　)。

A. 花 　　　　B. 风 　　　　C. 竹 　　　　D. 水

20. "少壮不努力,老大徒(　　)"出自《长歌行》。

A. 悲伤 　　　　B. 伤悲 　　　　C. 忧伤 　　　　D. 伤感

21. "但使龙城飞将在,不教胡马度(　　)"。

A. 阴山　　　　　B. 边关　　　　　C. 燕山　　　　　D. 边塞

22. 晏殊的《浣溪沙》中"无可奈何花落去"的下句是(　　)。

A. 似曾相识鸟归来　　　　　　　B. 似曾相识雁归来

C. 似曾相识燕归来　　　　　　　D. 夕阳西下几时回

23. 岑参在《白雪歌送武判官归京》中有"忽如一夜春风来,千树万树梨花开"的诗句,该句描绘的是哪个季节的景色?(　　)

A. 春　　　　　　B. 夏　　　　　　C. 秋　　　　　　D. 冬

24. "春色满园关不住,一枝红杏出墙来"出自叶绍翁的(　　)。

A.《游园不值》　　　　　　　　B.《春望》

C.《春夜喜雨》　　　　　　　　D.《春日》

25. 杜甫的《春夜喜雨》中"晓看红湿处"的下句是(　　)。

A. 花重绵阳城　　　　　　　　　B. 花重锦州城

C. 花重锦官城　　　　　　　　　D. 花重满京城

26. 杜牧的《江南春》中"南朝四百八十寺"的下句是(　　)。

A. 多少楼台烟波中　　　　　　　B. 多少楼台风雨中

C. 多少楼台烟雨中　　　　　　　D. 水村山郭酒旗风

27. "正是江南好风景,落花时节又逢君。"中的"君"指的是(　　)。

A. 李延年　　　　B. 李龟年　　　　C. 李贺　　　　D. 杜甫

28. "人生自古谁无死,留取丹心照(　　)"是文天祥的诗句。

A. 汉青　　　　　B. 汗青　　　　　C. 汗清　　　　　D. 青天

29. "别时容易见时难"和"相见时难别亦难"的作者分别是(　　)。

A. 李煜、柳永　　　　　　　　　B. 柳永、李清照

C. 李煜、李商隐　　　　　　　　D. 柳永、李煜

30. 龚自珍的词句"落红不是无情物,化作春泥更护花"中,"红"是指(　　)。

A. 红色　　　　　　　　　　　　B. 花

C. 树叶　　　　　　　　　　　　D. 红色的果子

31. 下面哪一组人物不是"初唐四杰"中的人物(　　)。

A. 王昌龄、王维　　　　　　　　B. 骆宾王、杨炯

    C. 王勃、卢照邻   D. 王勃、杨炯

32. "但愿人长久,千里共婵娟"中的"婵娟"指的是(   )。

    A. 美女   B. 愿望   C. 月亮   D. 姻缘

33. "行人临发又开封"中"开封"的正确解释是(   )。

    A. 打开信封   B. 城市名称:开封市

    C. 开始封信   D. 开始封存

(二) 填空题。

1. 写出下列称号对应的诗人。

诗仙——＿＿＿＿＿   诗圣——＿＿＿＿＿

诗鬼——＿＿＿＿＿   诗魔——＿＿＿＿＿

2. 《江畔独步寻花》这首诗的作者是唐代诗人＿＿＿＿＿。

3. 《惠崇春江晚景》这首诗的作者是宋代的＿＿＿＿＿。

4. "千山鸟飞尽,万径人踪灭"是唐代诗人＿＿＿＿＿的＿＿＿＿＿中的佳句。

5. "独在异乡为异客,每逢佳节倍思亲。"诗句中的"佳节"是指＿＿＿＿＿。

6. 《鸟鸣涧》一诗中,诗人描写的时间是＿＿＿＿＿,从＿＿＿＿＿＿这些词可以看出。

7. "岁寒三友"指＿＿＿＿＿。描写"岁寒三友"的古诗有＿＿＿＿＿＿、＿＿＿＿＿＿等。

8. 李白、＿＿＿＿＿,人称"李杜";"小李杜"是指＿＿＿＿＿和杜牧。

9. 《竹石》是一首题画诗,作者郑燮,号＿＿＿＿＿,＿＿＿＿＿代著名书画家、诗人。

10. 《诗经》是我国古代最早的一部＿＿＿＿＿,包括"＿＿＿＿＿""雅""颂"三部分。

(三) 判断题。对的打"√",错的打"×"。

1. 《渔歌子》是宋代诗人张志和写的一首词。   (   )

2. 《送元二使西安》《鹿柴》《饮湖上初晴后雨》都是唐代诗人王维写的诗。

                                                       (   )

3. 《如梦令》是清代诗人李清照写的一首诗。   (   )

4. 王昌龄是以写边塞诗而闻名。   (   )

5. "清明时节雨纷纷"的下一句是"牧童遥指杏花树"。   (   )

6. "独怜幽草涧边生"中的"独怜"是"孤单、寂寞"的意思。 （ ）

7. 《示儿》《闻官军收河南河北》表达的都是诗人的爱国之情。 （ ）

8. "湖光秋月两相和,潭面无风镜未磨"描写的是西湖的美景。 （ ）

9. "安得广厦千万间,大庇天下寒士俱欢颜!风雨不动安如山。"这是宋代
杜甫的诗句。 （ ）

10. "感时花溅泪,恨别鸟惊心。"一句运用了拟人的修辞手法。 （ ）

（四）根据诗句内容写出与它相关的名胜。

1. 会当凌绝顶,一览众山小。 （ ）

2. 水光潋滟晴方好,山色空蒙雨亦奇。 （ ）

3. 飞流直下三千尺,疑是银河落九天。 （ ）

4. 横看成岭侧成峰,远近高低各不同。 （ ）

（五）写出下列诗句描写的季节。

1. 月落乌啼霜满天,江枫渔火对愁眠。 （ ）

2. 碧玉妆成一树高,万条垂下绿丝绦。 （ ）

3. 天街小雨润如酥,草色遥看近却无。 （ ）

4. 接天莲叶无穷碧,映日荷花别样红。 （ ）

5. 墙角数枝梅,凌寒独自开。 （ ）

6. 千山鸟飞绝,万径人踪灭。 （ ）

7. 借问酒家何处有,牧童遥指杏花村。 （ ）

8. 停车坐爱枫林晚,霜叶红于二月花。 （ ）

二、填空专项

（一）名句填空。

1. 国破山河在,城春草木深。＿＿＿＿＿＿＿＿＿＿＿,＿＿＿＿＿＿＿＿＿＿。
（《春望》）

2. 生当作人杰,死亦为鬼雄。＿＿＿＿＿＿＿＿＿＿＿,＿＿＿＿＿＿＿＿＿＿。
（《夏日绝句》）

3. 人生自古谁无死,＿＿＿＿＿＿＿＿＿＿＿。（《过零丁洋》）

4. ＿＿＿＿＿＿＿＿＿＿＿＿,要留清白在人间。（《石灰吟》）

5. ＿＿＿＿＿＿＿＿＿＿＿,不教胡马度阴山。（《出塞曲》）

6. 先天下之忧而忧，_____。(《岳阳楼记》)

7. _____,不拘一格降人才。(《己亥杂诗》)

8. _____,梦回吹角连营。(《破阵子》)

9. 东边日出西边雨，_____。(《竹枝词》)

10. 月落乌啼霜满天，_____。(《枫桥夜泊》)

11. 欲把西湖比西子，_____。(《饮湖上初晴后雨》)

12. 海上生明月，_____。(《望月怀远》)

(二) 根据语境写诗句。

1. 古诗中含有"花""红""柳""绿"字样的诗句可谓不胜枚举,请根据所给字在下列横线上各写一句包含该字的诗词。

花:_____

红:_____

柳:_____

绿:_____

2. 西湖美景闻名天下,雨时的西湖更是别有一番韵味。北宋诗人苏轼就曾写下诗句:_____,_____。_____,_____。

3. "雨"是古代诗人笔下常见的景物,如"春潮带雨晚来急"。请再写出一句含有"雨"字的诗句:_____。

4. 古代诗文引领我们与古人对话,"老骥伏枥,_____,烈士暮年,_____"令我体验到老当益壮的情怀;我曾多次在心目中描摹王维笔下"_____,长河落日圆"的壮丽图景;我还可以从"_____,家祭无忘告乃翁"中感受古代仁人志士的爱国情怀。

5. 人们常用"黄河之水天上来,奔流到海不复回"来赞美黄河的雄伟气势,你能借用古人的诗句来赞美下面这两个地方的景观吗?

长江:_____

泰山:_____

6. 冬日清晨,看到雪满枝头,你不禁轻轻吟咏岑参的名句"_____,_____。"

7. 写出一组咏月的诗句:_____,_____

_____。

8. 人有品德,花也有品德。古诗文中赞颂花的品德的句子有:_____

_____,_____。

9. 遇到棘手的问题一筹莫展,经过冥思苦想后,突然发现问题的根源,难题也就迎刃而解,可谓"_____"。

10. 人们常用古诗名句"_____,_____

_____"颂扬那些具有默默奉献精神的教师们。

(三)根据提示写名句。

1. 韩愈的《早春呈水部张十八员外》一诗中,描绘早春景色的句子是:_____

_____。

2. 描写汉朝大将军李广的神力与箭法精熟的句子是:_____

_____。

3. 李贺在《马诗》中抒发自己想干一番事业的情怀的句子是:_____

_____。

4. 人总是要死的,但死的意义不同。司马迁所说的"_____

_____"强调的正是这个意思。

5. 《题西林壁》中的名句是:_____。

6. 《登鹳雀楼》中的名句是:_____。

7. 现在人们常用《送杜少府之任蜀州》中的名句"_____

_____"来表达对远别好友的深情厚谊。

8. 《送孟浩然之广陵》一诗中,借写景来表达李白与孟浩然之间深情厚谊的诗句是:_____。

9. 《白雪歌送武判官归京》中用新奇的比喻,使严寒的边塞之地顿时呈现出烂漫春色的诗句是:_____。

10. 苏轼《水调歌头》中"_____,_____"这两句,道出了天下人共同的美好祝愿。

11. 朱熹在《观书有感》中揭示读书能使人保持知识、思想的先进的名句是:"_____。"

12. 王维《送元二使安西》中有"劝君更尽一杯酒,西出阳关无故人"的诗句,高适《别董大》中有诗句与上述诗句中的"无故人"意思相反,这样的诗句是:

"_____。"

13. 李白的《赠汪伦》中有一句运用了夸张的修辞手法,它就是:"_____
_____。"

14.《村居》《乡村四月》都是描写田园的有名诗作,"_____
__,_____"写出了早春二月乡村田野迷人的景色;"_____
_____,_____"描写出乡村四月劳动的紧张。

三、鉴赏专项

(一)古诗词阅读鉴赏。

1.《江南》

汉乐府

江南可采莲,莲叶何田田。鱼戏莲叶间。鱼戏莲叶东,鱼戏莲叶西,鱼戏莲
叶南,鱼戏莲叶北。

(1)《江南》题目中的"江"是指_____。

(2)"鱼戏莲叶间"这句诗运用了_____的修辞手法。

2.《咏柳》

(唐)贺知章

碧玉妆成一树高,万条垂下绿丝绦。

不知细叶谁裁出,二月春风似剪刀。

(1)本诗中"妆"的意思是_____,"丝绦"的意思是_____
_____。

(2)本诗中运用了_____的修辞手法。

(3)诗人把_____比作一把剪刀,形象,富有美感。

3. 从军行

（唐）王昌龄

青海长云暗雪山，孤城遥望玉门关。

黄沙百战穿金甲，不破楼兰终不还。

（1）诗中的"暗""孤"二字，形象地展现了边塞＿＿＿＿＿＿的景象，突出了将士们戍边生活的孤寂、艰苦。

（2）最后一句写出了将士们的心声，表现了他们＿＿＿＿＿＿＿＿＿＿

＿＿＿＿＿＿＿＿＿＿＿＿＿＿＿＿＿＿＿＿＿＿＿＿。

4. 除夜作

（唐）高适

旅馆寒灯独不眠，客心何事转凄然。

故乡今夜思千里，霜鬓明朝又一年。

（1）作者心情"转凄然"的原因有哪些？请结合全诗用自己的话回答。

＿＿＿＿＿＿＿＿＿＿＿＿＿＿＿＿＿＿＿＿＿＿＿＿＿＿

＿＿＿＿＿＿＿＿＿＿＿＿＿＿＿＿＿＿＿＿＿＿＿＿＿＿

（2）第一句诗中的"寒灯"渲染了除夕之夜旅馆中怎样的氛围？

＿＿＿＿＿＿＿＿＿＿＿＿＿＿＿＿＿＿＿＿＿＿＿＿＿＿

＿＿＿＿＿＿＿＿＿＿＿＿＿＿＿＿＿＿＿＿＿＿＿＿＿＿

5. 塞下曲（其一）

（唐）李白

五月天山雪，无花只有寒。

笛中闻折柳，春色未曾看。

晓战随金鼓，宵眠抱玉鞍。

愿将腰下剑，直为斩楼兰。

(1) 写出这首诗中对仗工整的两句。

_____

(2) 诗的开头写五月的"寒",结尾则写"斩楼兰",这样写有什么用意?

_____

6. 行军九日思长安故园

（唐）岑参

强欲登高去,无人送酒来。

遥怜故园菊,应傍战场开。

(1) 这首诗作于我国传统的重阳节之时,根据诗的内容可知,这一节日有_____、_____的习俗。

(2) 这首诗除了表达诗人对故乡的思念之情外,你还能感受到诗人的哪些情感?

_____

_____

7. 钱塘湖春行

（唐）白居易

孤山寺北贾亭西,水面初平云脚低。

几处早莺争暖树,谁家新燕啄春泥。

乱花渐欲迷人眼,浅草才能没马蹄。

最爱湖东行不足,绿杨阴里白沙堤。

(1) 诗中最能突出诗人情感的一个词语是_____。

(2) 赏析诗句"乱花渐欲迷人眼,浅草才能没马蹄"中加点字的妙处。

_____

8. 浣溪沙

（宋）苏轼

游蕲水清泉寺,寺临兰溪,溪水西流。

山下兰芽短浸溪,松间沙路净无泥。潇潇暮雨子规啼。

谁道人生无再少? 门前流水尚能西! 休将白发唱黄鸡。

(1)"黄鸡"的本义是指_____,诗中代指_____。

(2)把词中上阕的溪边风光图用现代汉语描绘出来。

_____

(3)下列对苏轼《浣溪沙》一词赏析不正确的一项是(　　)。

A. 上阕写景,山下小溪边,长着矮小娇嫩的兰花,松间沙路洁净无尘,画面清新优美,淡雅宁静。

B. "潇潇暮雨子规啼"一句写黄昏时潇潇细雨中杜鹃的啼叫声,正所谓鸟鸣山更幽,突出了环境的静谧。

C. 下阕转入抒怀,"门前流水尚能西"一句,写词人由西流的溪水,想到"人生无再少",因此为时光流逝、人生短暂而叹息。

D. 全词情景交融,恬淡优美的景色,富有情趣的语言,充满人生哲理的议论,表现出词人执著生活、豁达乐观的人生态度。

9. 如梦令

（宋）李清照

昨夜雨疏风骤,浓睡不消残酒。试问卷帘人,却道海棠依旧。知否,知否? 应是绿肥红瘦。

(1)"浓睡"在词中的意思是_____。

(2)下列理解不正确的一项是(　　)。

A. "雨疏风骤"的意思是雨点稀疏,晚风急猛。

B. "海棠依旧"是词人对"卷帘人"的回答。

C. "绿肥红瘦"描写出雨后海棠花的情景。

D. 这首词篇幅短小,有人物,有对话,意味深长。

10. 天净沙·秋思

(元)马致远

枯藤老树昏鸦,小桥流水人家,古道西风瘦马。

夕阳西下,断肠人在天涯。

(1) 前三句是千古名句,请简要赏析。

_____

_____

(2) 请描绘出前三句所展现出的画面。

_____

_____

_____

(二) 文言文鉴赏。

1. 齐桓公好^①服紫

(战国)韩非

齐桓公好服紫,一国尽服紫^②。当是时也,五素不得一紫。桓公患之,谓管仲曰:"寡人好服紫,紫贵甚,一国百姓好服紫不已,寡人奈何?"管仲曰:"君欲止之,何不试勿衣紫也?谓左右曰:'吾甚恶紫之臭^③。'于是左右适有衣紫而进者,公必曰:'少却!吾恶紫臭。'"公曰:"诺。"于是日,郎中莫衣紫;其明日,国中莫衣紫;三日,境内莫衣紫也。

注 释

①好:喜好。②服紫:穿紫色的衣服。③臭(xiù):气味。

(1) 解释下列句中加点的字词。

① 桓公患之　患：＿＿＿＿＿＿＿＿＿＿＿＿＿＿＿＿＿＿＿

② 谓左右曰　左右：＿＿＿＿＿＿＿＿＿＿＿＿＿＿＿＿＿＿

③ 何不试勿衣紫也　衣：＿＿＿＿＿＿＿＿＿＿＿＿＿＿＿＿

④ 于是左右适有衣紫而进者　适：＿＿＿＿＿＿＿＿＿＿＿＿＿

(2) 与此故事所讲道理相关的成语是＿＿＿＿＿＿＿＿＿＿＿。

2. 徐孺子①赏月

（南朝）刘义庆

徐孺子年九岁，尝月下戏。人语之曰："若令月中无物，当极明邪？"徐曰："不然。譬如人眼中有瞳子②，无此，必不明。"

注 释

①徐孺子：徐稚，字孺子，东汉隐士。②瞳子：瞳仁。

(1) 这个故事表现了徐孺子怎样的特点？

＿＿＿＿＿＿＿＿＿＿＿＿＿＿＿＿＿＿＿＿＿＿＿＿＿＿＿＿＿＿

(2) 用现代汉语翻译下面的句子。

若令月中无物，当极明邪？

＿＿＿＿＿＿＿＿＿＿＿＿＿＿＿＿＿＿＿＿＿＿＿＿＿＿＿＿＿＿

(3) 解释下列句中加点的词。

① 尝月下戏：＿＿＿＿＿＿＿＿＿　② 人语之曰：＿＿＿＿＿＿＿＿＿

③ 不然：＿＿＿＿＿＿＿＿＿　④ 必不明：＿＿＿＿＿＿＿＿＿

3. 张无垢勤学

（宋）罗大经

张无垢谪①横浦，寓城西宝界寺。其寝室有短窗，每日昧爽②辄执书立窗下，就明而读。如是者十四年。洎③北归，窗下石上，双趺④之迹隐然，至今犹存。

注 释

①谪:这里指被贬官。②昧爽:拂晓,破晓。③泊:到。④趺:脚。

(1) 解释下列句中加点的词。

① 寓城西宝界寺:＿＿＿＿＿＿＿＿＿＿＿＿

② 如是者十四年:＿＿＿＿＿＿＿＿＿＿＿＿

③ 双趺之迹隐然:＿＿＿＿＿＿＿＿＿＿＿＿

④ 至今犹存:＿＿＿＿＿＿＿＿＿＿＿＿

(2) 翻译句子。

其寝室有短窗,每日昧爽辄执书立窗下,就明而读。

＿＿＿＿＿＿＿＿＿＿＿＿＿＿＿＿＿＿＿＿＿＿＿

＿＿＿＿＿＿＿＿＿＿＿＿＿＿＿＿＿＿＿＿＿＿＿

(3) 请概括这个故事的内容,并谈谈你从中得到的启示。

＿＿＿＿＿＿＿＿＿＿＿＿＿＿＿＿＿＿＿＿＿＿＿

＿＿＿＿＿＿＿＿＿＿＿＿＿＿＿＿＿＿＿＿＿＿＿

4. 骥遇伯乐

(先秦)佚名

君亦闻骥乎? 夫骥之齿至①矣,服②盐车而上太行。蹄申③膝折,尾湛胕溃④,漉汁⑤洒地,白汗交流。中阪⑥迁延,负辕⑦不能上。

伯乐遇之,下车攀而哭之,解纻衣以幂⑧之。骥于是俛而喷,仰而鸣,声达于天,若出金石声者,何也? 彼见伯乐之知己也。

注 释

①齿至:牙齿长齐了,这里指到了服役的年龄。②服:拖,拉。③蹄申:蹄子僵直了。④尾湛胕溃:尾巴被浸湿,皮肤也溃烂了。⑤漉汁:渗透出的汗水。⑥中阪:半山坡。⑦负辕:徘徊不前的样子。⑧幂:覆盖,披。

（1）解释下列句中加点的词。

① 君亦闻骥乎（　　　　　）

② 蹄申膝折（　　　　　）

③ 声达于天（　　　　　）

④ 若出金石声者（　　　　　）

（2）突出骥的形象由悲苦转向奋激的句子是：_____。

文中起画龙点睛作用的句子是：_____。

（3）翻译句子。

① 骥于是俯而喷,仰而鸣。

_____

② 彼见伯乐之知己也。

_____

5. 牧竖①拾金

（明）刘元卿

有牧竖,敝衣蓬首赤足,日驱牛羊牧冈间,讴而乐,意惬甚,牧亦善。一日,拾遗金一饼②,内衣领中。自是歌声渐歇,牛羊亦时逸,心患失金,斯乃为金所累也。

注 释

①牧竖:牧童。②一饼:一块。

（1）翻译句子。

自是歌声渐歇,牛羊亦时逸。

_____

（2）解释下列句中加点的词。

① 敝衣蓬首赤足（　　　　）　　② 讴而乐（　　　　）

③ 心患失金（　　　　）　　④ 斯乃为金所累也（　　　　）

（3）这个故事带给我们什么启示?

_____

6. 学者有四失①

（汉）戴圣

学者有四失，教者必知之。人之学也，或失则多②，或失则寡，或失则易，或失则止③，此四者，心之莫同也④。知其心，然后能救其失也。教也者，长善而救其失者也。

注释

①失：过失，缺点。②多：学得过多。③止：遇到困难不再进行。④心之莫同也：心理各有不同。

（1）解释下列句中加点的词。

① 或失则多，或失则寡＿＿＿＿＿＿＿＿＿＿＿＿＿

② 然后能救其失也＿＿＿＿＿＿＿＿＿＿＿＿＿＿＿

（2）用现代汉语翻译下面的句子。

教也者，长善而救其失者也。

---

7. 揠①苗助长

（战国）孟子

宋人有闵②其苗之不长而揠之者，芒芒然③归，谓其人曰："今日病④矣！予⑤助苗长矣！"其子趋⑥而往视之，苗则槁⑦矣。

注释

①揠：拔。②闵(mǐn)：同"悯"，担心，忧虑。③芒芒然：疲倦的样子。④病：疲倦，累坏。⑤予：我。⑥趋：快走。⑦槁(gǎo)：草木干枯。

（1）解释下列句中加点的词。

① 宋人有闵其苗之不长而揠之者＿＿＿＿＿＿＿＿＿＿＿

② 其子趋而往视之_____

③ 谓其人曰_____

(2) 翻译文中画线的句子。

_____

(3) 这个故事能给我们什么生活启迪?

_____

8. 孟母诫子

(汉)韩 婴

孟子少时诵,其母方织。孟子辍然①中止,乃复进。其母知其喧②也,呼而问之曰:"何为中止?"对曰:"有所失复得。"其母引刀裂③其织,以此诫之。自是之后,孟子不复喧矣。

注 释

①辍(chuò)然:突然终止的样子。辍,停止,废止。②喧:遗忘。③裂:割断。

(1) 下列对加点词解释有误的一项是(　　)。

A. 其母方织(正在)　　　　　　B. 孟子辍然中止(……的样子)

C. 其母引刀裂其织(拿来)　　　　D. 以此戒之(戒备)

(2) 下面句中"之"的用法与其他三项不同的是(　　)。

A. 呼而问之　　　　　　　　　　B. 自是之后

C. 或以钱币乞之　　　　　　　　D. 余闻之久也

(3) 这个故事告诉我们一个什么道理?

_____

_____

9. 齐人攫金

（战国）列御寇

昔齐人有欲金者,清旦①衣冠而之市。适②鬻③金者之所,因攫(jué)其金而去。吏捕得之,问曰:"人皆在焉,子攫人之金何?"对曰:"取金之时,不见人,徒见金耳。"

注 释

①清旦:清早。②适:往,去,到。③鬻:卖。

(1) 解释下列句中加点的词。

① 昔齐人有欲金者_____

② 因攫其金而去_____

③ 吏捕得之_____

④ 徒见金耳_____

(2) 翻译下面的句子。

人皆在焉,子攫人之金何?

_____

(3) 下面句中加点的词用得好,请你说说好在哪里。

因攫其金而去。

_____

(4) 这则寓言讽刺了社会上哪类人?

_____

10. 勉谕儿辈

（明）周怡

由俭入奢易,由奢入俭难。饮食衣服,若思得之艰难,不敢轻易费用①。酒肉一餐,可办粗饭几日;纱绢②一匹,可办粗衣几件。不馋③不寒足矣,何必图好吃好着?常将有日思无日,莫待无时思有时,则子子孙孙常享温饱矣。

注释

　　①费用:花费钱财。②纱绢:一种细薄的丝织品。③馋:这里是饥饿的意思。

　　(1) 解释下列句中加点的词。

　　① 可办粗饭几日＿＿＿＿＿＿＿＿＿＿＿＿＿＿＿＿

　　② 何必图好吃好着＿＿＿＿＿＿＿＿＿＿＿＿＿＿＿＿

　　③ 莫待无时思有时＿＿＿＿＿＿＿＿＿＿＿＿＿＿＿＿

　　(2) 翻译下面的句子。

　　不馋不寒足矣,何必图好吃好着?

　　＿＿＿＿＿＿＿＿＿＿＿＿＿＿＿＿＿＿＿＿＿＿＿＿＿＿＿＿

　　(3) "由俭入奢易,由奢入俭难。"作者就节俭问题向我们提出什么要求?

　　＿＿＿＿＿＿＿＿＿＿＿＿＿＿＿＿＿＿＿＿＿＿＿＿＿＿＿＿

　　(4) 今天,商品供应充足,我们的物质生活水平大大提高了,还有必要提倡节俭吗?

　　＿＿＿＿＿＿＿＿＿＿＿＿＿＿＿＿＿＿＿＿＿＿＿＿＿＿＿＿

古诗文专项训练参考答案

一、作者与作品专项

（一）1. C　2. B　3. A　4. A　5. B　6. A　7. C　8. B　9. A　10. A　11. C　12. B　13. D　14. B　15. C　16. B　17. C　18. D　19. B　20. B　21. A　22. C　23. D　24. A　25. C　26. C　27. B　28. B　29. C　30. B　31. A　32. C　33. A

（二）1. 李白；杜甫；李贺；白居易　2. 杜甫　3. 苏轼　4. 柳宗元　《江雪》　5. 重阳节　6. 夜晚　夜静、月出　7. 松、竹、梅　《竹石》《梅花》　8. 杜甫　李商隐　9. 板桥　清　10. 诗歌总集　风

（三）1. ×　2. ×　3. ×　4. √　5. ×　6. ×　7. √　8. ×　9. ×　10. √

（四）1. 泰山　2. 西湖　3. 庐山瀑布　4. 庐山

（五）1. 秋　2. 春　3. 春　4. 夏　5. 冬　6. 冬　7. 春　8. 秋

二、填空专项

（一）1. 感时花溅泪　恨别鸟惊心　2. 至今思项羽　不肯过江东　3. 留取丹心照汗青　4. 粉骨碎身浑不怕　5. 但使龙城飞将在　6. 后天下之乐而乐　7. 我劝天公重抖擞　8. 醉里挑灯看剑　9. 道是无晴却有晴　10. 江枫渔火对愁眠　11. 淡妆浓抹总相宜　12. 天涯共此时

（二）1. 例：花：黄四娘家花满蹊,千朵万朵压枝低。红：落红不是无情物,化作春泥更护花。柳：渭城朝雨浥轻尘,客舍青青柳色新。绿：日出江花红胜火,春来江水绿如蓝。　2. 水光潋滟晴方好　山色空蒙雨亦奇　欲把西湖比西子　淡妆浓抹总相宜。　3. 例：清明时节雨纷纷,路上行人欲断魂。　4. 志在千里　壮心不已　大漠孤烟直　王师北定中原日　5. 孤帆远影碧空尽,唯见长江天际流。　会当凌绝顶,一览众山小。　6. 忽如一夜春风来　千树万树梨花开　7. 例：海上生明月　天涯共此时　8. 例：出淤泥而不染　濯清涟

而不妖　　**9.** 山重水复疑无路,柳暗花明又一村　　**10.** 春蚕到死丝方尽　蜡炬成灰泪始干

　　(三) **1.** 天街小雨润如酥,草色遥看近却无　　**2.** 平明寻白羽,没在石棱中　　**3.** 何当金络脑,快走踏清秋　　**4.** 人固有一死,或重于泰山,或轻于鸿毛　　**5.** 不识庐山真面目,只缘身在此山中　　**6.** 欲穷千里目,更上一层楼　　**7.** 海内存知己,天涯若比邻　　**8.** 孤帆远影碧空尽,唯见长江天际流　　**9.** 忽如一夜春风来,千树万树梨花开　　**10.** 但愿人长久　千里共婵娟　　**11.** 问渠那得清如许?为有源头活水来　　**12.** 莫愁前路无知己,天下谁人不识君　　**13.** 桃花潭水深千尺,不及汪伦送我情　　**14.** 草长莺飞二月天　拂堤杨柳醉春烟　乡村四月闲人少　才了蚕桑又插田

　　三、鉴赏专项

　　(一) **1.** (1) 长江　(2) 拟人　　**2.** (1) 打扮　用丝编成的绳带　(2) 拟人,比喻,设问　(3) 春风　　**3.** (1) 苦寒、荒凉　(2) 誓死报国的豪情壮志、赤诚的爱国热情　　**4.** (1) 一是除夕之夜独自一人寄居旅馆,二是对故乡亲人无比的思念,三是感慨年华易逝。　(2) 凄清(或孤寂、凄凉、清冷)。　　**5.** (1) 晓战随金鼓,宵眠抱玉鞍。　(2) 开头写"寒",点明了边塞的苍凉与苦寒,而结尾写"斩楼兰",与开头形成鲜明对照,更突出了边塞将士誓死报国的决心。　　**6.** (1) 登高　赏菊　(2) 这首诗除了表达诗人对故乡的思念之情外,还能感受到诗人思念家乡的亲人、美景的情感。诗人渴望战争早点结束,好早日和家人团聚,享受安乐的生活。　　**7.** (1) 最爱　(2) "渐""才"两个字生动简练地写出了早春时节的景色。

8. (1) 黄鸡报晓　时光流逝　(2) 山脚下刚刚长出的兰草嫩芽浸在溪水中,松林间沙石小路洁净无泥。傍晚时分,细雨潇潇中杜鹃阵阵啼鸣。　(3) C　　**9.** (1) 醉睡　(2) B

10. (1) 用九个名词构成画面,独到新颖。一个名词一种景物,且都是秋天极具代表性的景物,合起来组成了三组画面,渲染了一种凄寒、苍凉、哀伤的氛围。　(2) 一个秋日的黄昏,荒凉的古道上,西风劲吹,落叶纷飞;道旁,缠着枯藤的老树上,鸦雀已经回巢,不时地啼叫几声;不远处,在小桥流水旁的稀疏村舍里,人们已在准备着晚餐,炊烟缕缕。这时,一个人牵着一匹瘦马迎着西风独自缓缓行进在古道上。

　　(二) **1.** (1) ① 忧虑,以……为患。　② 身边的近臣。　③ 穿。　④ 正好。　(2) 上行下效　　**2.** (1) 思维敏捷、能言善辩　(2) 如果让月亮里面什么也没有,应该会更加明亮吧?　(3) ① 曾经　② 告诉,对……说　③ 这样　④ 一定　　**3.** (1) ① 居住在　② 这样　③ 的　④ 仍然　(2) 他的寝室有小窗户,每天拂晓之时他便拿着书站在窗子下面,利用窗外的亮光读书。　(3) 故事内容:张无垢在被贬之后,仍坚持苦读十四年,他在窗下站立的脚印至今犹存。启示:人不论在什么样的情况下都不应该放弃对知识的执著追求。　　**4.** (1) ① 听说　② 弯曲,弯转　③ 直上　④ 好像　(2) 骥于是俛而喷,仰而鸣,声达于天,若出金石声者　彼见伯乐之知己也　(3) ① 千里马于是低下头叹了一口气,又昂

起头高声嘶叫。　②它知道伯乐是自己的知己啊。　5.(1)从此歌声渐渐没了,放牧的牛羊也常有跑了的。　(2)①破　②唱歌　③担心　④是,就是　(3)快乐是简单的,而物质和欲望有时会使简单变得复杂,使快乐变得痛苦。　6.(1)有的人。　纠正。　(2)教育的目的就在于发扬学生的长处,纠正他们的过失。　7.(1)①结构助词,用在主谓之间,取消句子的独立性。　②代词,他的。　③对……说。　(2)宋国有个人担心自己的庄稼长得慢,就将禾苗一棵棵拔高。　(3)任何事物都有自己的规律,谁如果违背规律蛮干,就必然受到惩罚。　8.(1)D　(2)B　(3)学习不应当因环境嘈杂而分散注意力,学习必须全神贯注,专心致志,不能半途而废。　(4)例:孟母发现儿子读书不用功,不是用训斥责骂的方式教育儿子,而是"引刀裂其织",以此来让儿子明白一个道理:做学问应不间断地刻苦努力,才会有所成就,否则,就会像织布机上的布被割断一样,前功尽弃,一事无成。这种教育方式,会起到事半功倍的效果。(言之有理即可)　9.(1)①从前　②走,离开　③抓捕　④只,仅仅　(2)这么多人都在场,你怎么(敢)抢人家的金子呢?　(3)"攫"的意思是抓、夺,非常形象地刻画出"齐人"见钱眼开的贪婪形象。　(4)讽刺了社会上那些利欲熏心、利令智昏的人。　10.(1)①用来做成　②衣着　③不要　(2)生活不挨饿不受冻就满足了,何必贪图吃得好穿得好呢?　(3)节俭是长期养成的良好生活习惯,一旦丢弃,再要养成就困难了,所以节俭重在培养、坚持。　(4)在今天,我们仍要发扬节俭的传统美德,因为节俭既有利于美德的培养,又可以节约物质资源,利国利己。